Der innerpalästinensische Konflikt

Manuel Winkelkotte

DER INNER-
PALÄSTINENSISCHE
KONFLIKT

PETER LANG
Frankfurt am Main · Berlin · Bern · Bruxelles · New York · Oxford · Wien

Bibliografische Information der Deutschen Nationalbibliothek
Die Deutsche Nationalbibliothek verzeichnet diese Publikation in
der Deutschen Nationalbibliografie; detaillierte bibliografische
Daten sind im Internet über <http://www.d-nb.de> abrufbar.

Die Drucklegung dieser Arbeit wurde empfohlen von
Professor Dr. Klaus Schlichte,
Universität Magdeburg.

Gedruckt auf alterungsbeständigem,
säurefreiem Papier.

ISSN 0721-3654
ISBN 978-3-631-58433-0
© Peter Lang GmbH
Internationaler Verlag der Wissenschaften
Frankfurt am Main 2009
Alle Rechte vorbehalten.

Das Werk einschließlich aller seiner Teile ist urheberrechtlich
geschützt. Jede Verwertung außerhalb der engen Grenzen des
Urheberrechtsgesetzes ist ohne Zustimmung des Verlages
unzulässig und strafbar. Das gilt insbesondere für
Vervielfältigungen, Übersetzungen, Mikroverfilmungen und die
Einspeicherung und Verarbeitung in elektronischen Systemen.

Printed in Germany 1 2 3 4 5   7

www.peterlang.de

Inhaltsverzeichnis

1. Einleitung 7
2. Über das Verhältnis von Gewalt und Herrschaft 15
3. Ein Theorieansatz zur Erklärung von Gewaltdynamiken 21
   3.1. Herleitung 21
   3.2. Prozesse der Integration von Figurationen 26
   3.3. Prozesse der Desintegration von Figurationen 32
4. Die weltgesellschaftliche Einbettung des Konfliktes 37
   4.1. Kriegerische Gewalt in der Weltgesellschaft 37
   4.2. Einbindung in den Weltmarkt 41
   4.3. Wandel der Herrschaftsstrukturen 45
   4.4. Erschütterung der symbolischen Welten 49
   4.5. Die Struktur des innerpalästinensischen Konfliktes 54
5. Prozessanalyse der beiden Figurationen von Fatah und Hamas 59
   5.1. Die Fatah als Wegbereiter palästinensischer Staatlichkeit 59
   5.2. Die Hamas und das Erbe der Muslimbrüderschaft 74
6. Analyse der Dynamiken im Handlungsfeld der Gewalt 91
   6.1. Gewalt zwischen Studentengruppen (1980–1987) 91
   6.2. Offene Konkurrenz um die Bevölkerung (1987–1990) 92
   6.3. Militarisierung der Intifada (1990–1994) 94
   6.4. Staatsbildung und Verregelung der Gewalt (1994–2000) 97
   6.5. Desintegration der Autonomiebehörde (2000–2005) 103
   6.6. Der Weg in die Eskalation (2005–2007) 106
7. Schlussbetrachtung 109

Literaturverzeichnis 117

Annex: Chronologie der gewaltsamen Zusammenstöße 127

1. Einleitung

> *„Und Abel brachte auch von den Erstlingen seiner Herde und von ihrem Fett. Und der HERR sah gnädig an Abel und sein Opfer; aber Kain und sein Opfer sah er nicht gnädig an. Da ergrimmte Kain sehr, und seine Gebärde verstellte sich. Da sprach der HERR zu Kain: Warum ergrimmst du? und warum verstellt sich deine Gebärde? Ist's nicht also? Wenn du fromm bist, so bist du angenehm; bist du aber nicht fromm, so ruht die Sünde vor der Tür, und nach dir hat sie Verlangen; du aber herrsche über sie. Da redete Kain mit seinem Bruder Abel. Und es begab sich, da sie auf dem Felde waren, erhob sich Kain wider seinen Bruder Abel und schlug ihn tot."*
>
> *1. Buch Moses, 4: 4-8*

Als einen *„Bruderkampf im Gazastreifen"* betitelt die *Frankfurter Allgemeine Zeitung* vom 13. Juni 2007 die Eskalation des innerpalästinensischen Konfliktes. Beschrieben wurde die Vertreibung der Fatah aus dem Gazastreifen durch die Einheiten der Hamas. Einem bibelkundigen Leser drängen sich hier sogleich die Bilder von Kain und Abel auf, da die Hamas bereits seit längerem in der Öffentlichkeit dämonisiert wurde. Handelt es sich im vorliegenden Fall also um einen Widerstreit zwischen Gut und Böse? Durchsieht man die Presseartikel zum Zeitpunkt des Zusammenstoßes, so findet man sehr klassische Erklärungen für die Gewalteskalation. Die meisten Autoren setzen voraus, dass sich die Gewalt im innerpalästinensischen Konflikt hauptsächlich zwischen den beiden beteiligten Gruppen abspielt. Über die Ursachen wird hingegen gemutmaßt.

Zum einen wird die alte These aus dem Kalten Krieg herangezogen, es handele sich um einen Stellvertreterkrieg externer Mächte (vgl. Lerch 2007). Zum anderen wird in Anlehnung an aktuelle Debatten auf die religiöse Orientierung der Hamas verwiesen, die einen Gottesstaat errichten wolle und daher die säkulare Fatah bekämpfe (vgl. Schmitz 2007). Lediglich die *Neue Züricher Zeitung* verweist differenzierter auf die enge Verbindung von beiden Gruppen mit dem immer schon religiös geprägten palästinensischen Nationalismus (vgl. Rosiny 2007). An anderer Stelle ist zu lesen, dass das Wiedererstarken der Familienclans für gewaltsame Spannungen sorgte (Frankenfeld 2007). Es scheint große Verwirrung zu herrschen – woher kommt denn eigentlich die Gewalt?

Warum bekämpfen die beiden Gruppen einander, obwohl sie in historischer Genese und politischer Ausrichtung so erstaunliche Übereinstimmungen aufweisen? Warum verbünden sie sich nicht gegen Israel? Warum eskaliert die Gewalt erst jetzt, obwohl die Konfliktgeschichte der beiden Gruppen schon Anfang der 1980er Jahre begann? Ist die Gewalt nun den Clans oder den bewaffneten Gruppen zuzurechnen? All diese zunächst recht naiven Fragen berühren doch im Kern die erstaunliche Unklarheit über die Ursachen der Gewalt im innerpalästinensischen Konflikt. Erwiesen ist, dass die Eskalation nicht erst im Jahr 2007, sondern bereits viel früher begann. Unklar ist jedoch, wer sie eigentlich vorantreibt und welcher Logik sie im zeitlichen Verlauf folgt.

Daher möchte ich die zentrale Frage der vorliegenden Untersuchung folgendermaßen stellen: Welche Strukturen und Dynamiken bestimmen die periodisch auftretende innerpalästinensische Gewalt zwischen Fatah und Hamas? Die Fragestellung beruht auf der Annahme, dass sich im Zuge des Konfliktes ein komplexes Netzwerk sozialer Beziehungen herausgebildet und verstetigt hat, in dem die Akteure in wechselseitiger Abhängigkeit zusammengebunden wurden (vgl. Elias 1991: 141).

Dieses Geflecht aus Abhängigkeiten – so wird hier argumentiert – bestimmt den Freiraum, in dem die Akteure handeln können und legt ihrem Handeln Zwänge auf. Strukturen sind zudem die Identitäten und Wahrnehmungen der Konfliktbeteiligten, die den Konflikt und dessen gewaltsame Eskalation ebenso beeinflussen (vgl. Jung 1995: 207f). Dynamiken bilden die Grundlage der Entwicklung von Strukturen und können als Prozesse dargestellt werden (vgl. McAdam/Tarrow/Tilly 2003: 24-28).

Die Begrenzung des innerpalästinensischen Konfliktes auf die beiden bewaffneten Fraktionen ist insofern gerechtfertigt, als zwischen ihnen die zentrale gesellschaftliche Konfliktlinie verläuft. Da sich die Fatah im Zuge des Friedensprozesses als wichtigste Gruppierung etablieren konnte, wurde sie durch den Aufstieg der Hamas politisch herausgefordert. Als Erbe der palästinensischen Muslimbrüderschaft (MB) betrat die Hamas während der ersten Intifada 1987 die Bühne des Nahostkonflikts und konnte ihren Einfluss seitdem stetig ausbauen. Gleichzeitig konnte man eine Marginalisierung der linken Gruppierungen beobachten, sodass die Hamas sich als die wichtigste Oppositionsbewegung zu der von der Fatah geführten Autonomieregierung etablierte.

Die vorliegende Fragestellung soll nun operationalisiert werden, wozu zunächst ein Überblick über den Forschungsstand notwendig ist, um an den Stand der Wissenschaft anschließen zu können. Für die Frage nach der innerpalästinensischen Gewalt sind drei Forschungsstränge relevant: Erstens die Untersuchungen zur kollektiven Gewalt, zweitens die Literatur zu Bürgerkriegen und Terrorismus und drittens die thematischen Arbeiten zu den bewaffneten Gruppen im Nahostkonflikt.

Gewalt ist in den Sozialwissenschaften durchaus untersucht worden, blieb in theoretischer Hinsicht allerdings stets unterbelichtet. So existiert zwar eine Gewalturschenforschung, aber keine Soziologie der Gewalt, die Dynamiken erfasst und erklärt (Trotha 1997). Es gibt vier relevante Theorieansätze, welche erklären wollen, wie es zwischen Gruppen oder Bewegungen zu kollektiver Gewalt kommen kann. Der erste macht Angst, Feindbilder und zerstörerische Ideologien für die Gewalt verantwortlich, welche zurückgehe, sollten diese Einflüsse an Wirkung einbüßen (Moore 2000). Dieser Ansatz kann aber nicht die Eskalationsschwelle und die darauffolgenden Entwicklungen erklären; er bleibt reduktionistisch.

Zweitens wird aus einer behavioristischen Tradition heraus argumentiert, dass sich perspektivlose junge Männer in einem instabilen Sozialgefüge häufig zu Banden zusammenschließen, die kollektive Gewalt ausüben (Feierabend 1972; Gurr 1970). Erklärt wird mit dieser Deprivationsthese aber nicht, warum kollektive Gewalt in manchen Fällen eskaliert, während dies in anderen Fällen unter vergleichbaren Bedingungen nicht geschieht.

Drittens werden den Akteuren in einer Rational-Choice-Perspektive strategische Kosten-Nutzen-Kalküle unterstellt. In dieser Theorietradition steht eine Forschungsrichtung zu sozialen Bewegungen, die untersucht, wie und ob hinreichend Ressourcen für kollektives Handeln mobilisiert werden können. Populär wurde dieser Ansatz vor allem im Zusammenhang mit einer These über die Entwicklung von Bürgerkriegen, die das Zusammentreffen von gierigen Führern und leicht beeinflussbaren Massen für die Gewalt verantwortlich macht (Collier/Hoeffler 2004). Diese Ansätze erben jedoch alle bereits geübte Kritik an dem unterkomplexen Modell des homo oeconomicus und werden nicht hinreichend von empirischen Untersuchungen aus dem Feld gestützt (Korf 2006).

Schließlich gibt es noch den relationalen Theorieansatz, der kollektive Gewalt durch eine Analyse der Dynamiken sozialer Beziehungen erklären möchte. Im Gegensatz zum ahistorischen und akulturellen Rational-Choice-Ansatz wird hier versucht, Mechanismen, Prozesse und Episoden aus unterschiedlichen Ereignissen wie Revolutionen, nationaler Mobilisierung und Demokratisierung herauszulösen und zu generalisieren (McAdam/Tarrow/Tilly 2003; Tilly 2003). Wertvoll sind diese Überlegungen, weil sie die jeweiligen Kontexte berücksichtigen, den Fokus auf das soziale Beziehungsgeflecht richten und die Wechselwirkung von Dynamiken erfassen, anstatt reine Wirkungsketten zu konstruieren. Welchen Verlauf die Gewalt nimmt, können aber auch diese Autoren nicht überzeugend erklären.

Dynamische Prozesse versuchen auch die Autoren des Sammelbands von Elwert (1999) zu erfassen, die Intergruppenkonflikte als Eskalations- und Deeskalationssequenzen darstellen. Auch wenn hier der Idealtypus der oszillierenden Gewalt gebildet wird, der das Vorhandensein von Gewalt als einen Normalzustand beschreibt, wird nicht ganz klar, welche Mechanismen diese Prozesse wirklich bestimmen. Gleiches gilt auch für die Grammatik des Krieges, die im

Rahmen der Hamburger Schule für Kriegsursachenforschung entwickelt wurde (Siegelberg 1994). Als Widerspruch, Krise, Konflikt und Krieg werden vier analytische Prozessschritte benannt, ohne dass diesen Mechanismen hinzugefügt werden, die den Ausbruch kriegerischer Gewalt erklären.

Ein weiterer theoretischer Forschungsstrang bezieht sich auf die Gewalt im Bürgerkriegszustand und auf terroristische Gewaltformen. Auch wenn in Palästina kein offener Bürgerkrieg ausgebrochen ist, so ist der Zustand doch vergleichbar, da das staatliche Monopol legitimer physischer Gewaltsamkeit nicht in hinreichender Form existiert. In solchen gewaltoffenen Räumen droht eine Konkurrenz regelmäßig in Gewalt umzuschlagen, da Institutionen der Konfliktschlichtung fehlen. Die Dynamik der Verselbständigung der Gewalt im Bürgerkrieg wurde von Waldmann (1998) beschrieben. Hierdurch entfernt sich die Gewaltorganisation von ihren ursprünglichen Zielen und löst sich damit auch von ihren Trägerschichten ab. Die Gewalt wird zunehmend privatisiert und kommerzialisiert. Gewalt dient dann vor allem der Akkumulation von ökonomischen Kapital durch Raub und Schutzgelderpressung (Jean 1999), und es können sich regelrechte Gewaltmärkte herausbilden (Elwert 1997). Im Gazastreifen gibt es aber keine extrahierbaren Ressourcen, die von solchen Theorien vorausgesetzt werden. Darüber hinaus scheint die Anbindung an die Bezugsgruppe der Palästinenser scheint für die Gewaltausübung im vorliegenden Fall wichtig zu sein (Malthaner 2005).

Die ökonomistischen Theorien übersehen ebenso, dass sich auch in gewaltoffenen Räumen Herrschaftsbeziehungen aufbauen, da die betroffenen Gruppen einer Dialektik von Gewalt und Ordnung folgen und letztlich dem Imperativ unterliegen, staatsähnliche Funktionen übernehmen zu müssen (Schlichte 2005). In der vorliegenden Konstellation eines hochkompetitiven Umfeldes mit vielen bewaffneten Gruppen spielt auch der innere Zusammenhalt eine Rolle für die Gewaltentwicklung. Es gibt häufig hohe Austrittshürden in Form von Sanktionen und die Mitgliedschaft ist mit Kosten verbunden. Aufgrund dieser Zwänge versuchen die Mitglieder umso erbitterter ihr Ziel zu erreichen und erhöhen so die Gefahr der Radikalisierung und Eskalation der Gewalt (Crenshaw 2001).

Darüber hinaus üben die Gewaltakteure in Konkurrenzsituationen selektive Gewalt gegenüber der Bevölkerung aus, um die Herrschaft in den besetzten Gebieten zu sichern und werden aus Mangel an Informationen häufig von lokalen Akteuren manipuliert (Kalyvas 2006). Dies führt zu einer Privatisierung der Gewalt, aber auch zu einer Festigung der Herrschaftsbeziehungen durch Kollaboration und soziale Verflechtung. Gewaltsame Konkurrenz kann in herrschaftssoziologischer Perspektive somit auch als ein Prozess der Staatsentstehung betrachtet werden (Elias 1976a, 1976b; Tilly 1992).

Zuletzt gibt es in thematischer Hinsicht neben dem Ost-West-Konflikt vermutlich kaum einen anderen Gegenstand in der Konfliktforschung, dem mehr Aufmerksamkeit zuteil wird als der Auseinandersetzung um Israel und Palästina. So liegen eine Reihe detaillierter Beschreibungen über die bewaffneten Gruppen in dieser Auseinandersetzung vor (Abu-Amr 1994; Baumgarten 2006, 2002; Bucaille 2004; Croitoru 2007; Hatina 2001; Hroub 2000; Larzillière 2006). Andere untersuchen zusätzlich die Konkurrenzsituation zwischen Hamas und Fatah (Mischal/Sela 2000; Johannsen 2006; Shikaki 2002).

Die innerpalästinensische Gewalt wird von vier Autoren betrachtet, die einen direkten Zusammenhang zu dem Palästinakonflikt herstellen. Johannsen (2003) versteht die Gewalt als von der Besatzungsmacht erlernt, die über Geheimdiensttätigkeiten gezielt innere Spannungen forciert. Hass (2003) beschreibt Zyklen der Gewalt. So benutzte Israel die Palästinensische Autonomiebehörde (PA) dazu, die militanten Gruppen in den Autonomiegebieten zu bekämpfen, was die innerpalästinensische Auseinandersetzung anheizte. Mishal und Sela (2000) bezeichnen die innerpalästinensische Gewalt als kontrollierte Gewalt, welche sich an den inneren Machtverhältnissen orientiert. Trotz dieser sehr guten Anregungen fehlt aber bis dato eine spezifische Untersuchung der Gewaltdynamiken im innerpalästinensischen Konflikt.

Hieraus ergibt sich die Begründung des Schwerpunktes dieser Arbeit. Einerseits trägt eine Analyse der Konkurrenzsituation zu einem besseren Verständnis davon bei, wie es zur Eskalation der Gewalt und letztlich zu der bewaffneten Machtübernahme durch die Hamas im Gazastreifen kommen konnte. Andererseits ist das Gebiet der Forschung zu kollektiver Gewalt in theoretischer Sicht immer noch eine große Baustelle. Die jüngsten relationalen und prozessorientierten Ansätze sind ein erster Schritt, müssen jedoch noch am empirischen Material geprüft werden. Die vorliegende Arbeit soll daher sowohl zu einem besseren Verständnis des Nahostkonfliktes als auch zu der weiteren theoretischen Erforschung von Gewaltdynamiken beitragen.

Die eingangs formulierte Fragestellung kann nun in mehrere Ebenen ausdifferenziert werden. Zunächst einmal stellt sich die Frage, in welche weltgesellschaftlichen Entwicklungen die Strukturen und Dynamiken makrosoziologisch eingebettet sind. Auf der Mesoebene muss gefragt werden, wie das Beziehungsgeflecht von Israel, Hamas und Fatah die Gewaltdynamik beeinflusst. Zuletzt müssen auf der Mikroebene die gewaltsamen Interaktionen untersucht werden. Welche Rolle spielen die unterschiedlichen Fraktionen innerhalb der Organisationen? Welchen Einfluss hat die Verbindung zu lokalen Akteuren wie beispielsweise zu Clans?

Die Arbeit ist deswegen in einen strukturgeschichtlichen Teil und eine empirische Analyse unterteilt. Bei der Bearbeitung wird auf drei theoretische Vorarbeiten zurückgegriffen. Der dynamische und machtzentrierte Gewaltbegriff ist der neueren soziologischen Gewaltforschung entlehnt (vgl. Popitz 1998; Trotha 1991). Die Erklärung kriegerischer Gewalt auf der Makroebene entstammt dem

Hamburger Ansatz in der Konfliktforschung (Jung/Schlichte/Siegelberg 2003). Zuletzt dienten die theoretischen Werkzeuge aus den Arbeiten der Nachwuchsgruppe der Humboldt-Universität über die Mikropolitik bewaffneter Gruppen als Grundlage für die Analyse auf der Mesoebene (vgl. Schlichte 2008).

Makrosoziologisch gesehen entstanden weder der Palästinakonflikt noch der innerpalästinensische Konflikt aus dem Nichts, sondern sie sind beide in größere weltgesellschaftliche Entwicklungen wie die Verstaatlichung der Welt, Dekolonisierung, nationale Mobilisierung und Aufstieg des politischen Islam eingebettet. Die Weltgesellschaft wird hier als der prozesshafte Zusammenschluss aller vorher unverbundenen gesellschaftlichen Kontexte zu einem großen Vergesellschaftungszusammenhang definiert, dem keine übergeordnete Einheit mehr vorsteht. Mit Hilfe der weltgesellschaftlichen Entwicklungslinien werden dann die Konfliktursachen der innerpalästinensischen Auseinandersetzung herausgearbeitet.

Um auf der Mesoebene die Strukturen innerhalb und zwischen den Gruppen darzustellen, wird auf das Konzept der Figuration von Elias zurückgegriffen. Figurationen stellen Geflechte gegenseitiger Abhängigkeiten zwischen den Individuen dar, wodurch diese innerhalb der Gesellschaft miteinander verbunden sind (Elias 1991: 141). Hamas und Fatah werden als zwei getrennte Figurationen angesehen, da sie jeweils über eigene Machtzentren und Symboliken verfügen. Gegenüber den soziologischen Konzepten von Gruppe und Organisation hat die Figurationsanalyse den Vorteil, dass die Zugehörigkeit nicht über klare Grenzen, sondern über Abhängigkeiten hergestellt wird, da Mitgliedschaften häufig nicht klar bestimmt werden können (Schlichte 2008: 9). Bewaffnete Gruppen sind aber nicht nur Figurationen, sondern stellen Überlebenseinheiten dar, die für ihre Mitglieder Elementarfunktionen der symbolischen und ökonomischen Reproduktion wie auch der Gewaltkontrolle nach innen bereitstellen. Die für die Untersuchung relevante Beziehung zwischen Hamas, Fatah und Israel ist ebenfalls eine Figuration, wird aber hier als Konstellation bezeichnet, um die Untersuchungsgegenstände begrifflich auseinander zu halten.

Auf der Mikroebene werden die Gewaltakte im Zusammenhang mit der Entwicklung der Figuration(en) untersucht. Unter Gewalt wird die physische Verletzung von Personen verstanden. Für den Einsatz von Gewalt gilt wie generell bei jeglichem kollektiven Handeln, dass er legitimiert werden muss. Aus diesem Grund wird Legitimität bei der Analyse der Gewaltdynamiken ins Zentrum gerückt. Unter anderem werden die folgenden Hypothesen geprüft: ob (a) die Intergruppengewalt aus internen Zerwürfnissen entsteht und (b) die Gewalt durch die Gefährdung der Außenlegitimität begrenzt wird, so dass das charakteristische Bild der oszillierenden Gewaltentwicklung entsteht.

Letztlich muss auch die Frage beantwortet werden, ob die gefundenen Ergebnisse generalisiert werden können und inwiefern die Dynamiken auch in anderen Gewaltkontexten zu finden sind. Auf der Grundlage des palästinensischen Falles, den Erkenntnissen des Hamburger Ansatzes (Jung/Schlichte/Siegelberg 2003) und den „Dynamics of Contention" (McAdam/Tarrow/Tilly 2003) wird versucht, einen ersten Ansatz zu Dynamiken der Gewaltentwicklung zu gewinnen. Hierzu werden Prozesse der Integration und Desintegration von Figurationen idealtypisch gegenübergestellt. Auf der Grundlage von Herrschaftsbeziehungen, Legitimität und Bezugsgruppen sollen so die Gewaltdynamiken analytisch über Prozesse und Mechanismen erfasst werden.

Die Materiallage zur innerpalästinensischen Gewalt ist, wie stets im Kontext bewaffneter Konflikte problematisch, da sich Publikationen und politisches Geschehen gegenseitig stark beeinflussen. Die Auswahl wurde deswegen sehr kritisch betrieben und beschränkt sich aufgrund der Materialfülle auf Publikationen neueren Datums. Auffällig ist der hohe Anteil von Autoren nordamerikanischer und israelischer Herkunft, die aufgrund mangelnder Sprachkenntnisse und einer zu großen Nähe zum politischen Feld[1] häufig eine saubere Analyse des Gegenstands vermissen lassen (Bangstad 2002: 6). Die Arbeit stützt sich daher primär auf diejenigen Autoren, die ihre Sachkenntnis durch eigenständige Feldforschung und Befragungen bewiesen haben. Zu den bewaffneten Gruppen sind dies vor allem Baumgarten (2002, 2006), Bucaille (2004), Hass (2003), Larzillière (2006), Mishal/Sela (2000, 2002) sowie die Autoren der International Crisis Group (2003, 2004a, 2004b, 2006, 2007). Um den weltgesellschaftlichen Rahmen des innerpalästinensischen Konfliktes darzustellen, sind soziologisch oder strukturgeschichtlich orientierte Darstellungen bedeutsam. Diese Kriterien erfüllen die Werke von Diner (2007, 1980), Kimmerling/Migdal (2003) und Krämer (2002), die sich allesamt bereits seit langem mit der Region beschäftigen.

Die Gliederung der folgenden Arbeit spiegelt nicht den Forschungsprozess wider, sondern ist dessen Ergebnis. Obwohl hauptsächlich deduktiv vorgegangen wurde, sind die Mechanismen der Gewaltprozesse erst in der direkten Konfrontation mit dem empirischen Material entstanden. Theoriebildung und Analyse der Gewaltdynamiken entwickelten sich somit in Wechselwirkung zuein-

---

1 *Vor allem Autoren aus policy-relevanten Bereichen treiben in ihren einschlägigen Publikationen eine Mythologisierung und Moralisierung der Gewalt voran und vereiteln eine ernsthafte Auseinandersetzung mit dem Gegenstands (Strindberg 2002: 264). Hier scheint der „Krieg gegen den Terror" des politischen Feldes in gefährlicher Weise in das akademische Feld hineinzuwirken, ohne dass dies entsprechend reflektiert wird (vgl. Bourdieu/Wacquant 2006: 127-132). So beziehen sich die meisten Autoren in ihrer Analyse immer noch auf die Charta der Hamas, die jedoch mittlerweile fast zwanzig Jahre alt ist (ICG 2004a: 13). So blieb auch der programmatische Wechsel in jüngeren Schriften der Hamas von weiten Teilen der Wissenschaftsgemeinde weitgehend unbemerkt (Hroub 2006: 7). Die Dämonisierung hat in Verbindung mit mangelnder Analyse wiederum fatale politische Auswirkungen, wie ein britischer Diplomat angesichts der diplomatischen Krise nach dem Wahlerfolg der Hamas ironisch anmerkte: „The international community is acting against the organisation that's behaving – Hamas – and supporting the organisation that is misbehaving – Fatah" (ICG 2006: 40).*

ander. Die Arbeit ist in einen theoretischen und einen empirischen Teil untergliedert. Im zweiten Kapitel wird die Verbindung der Gewalt zu Machthandeln und Herrschaftsbeziehungen dargestellt. Das dritte Kapitel präsentiert die Ergebnisse der Theoriebildung und bietet einen Analyserahmen für die Gewaltdynamiken im innerpalästinensischen Konflikt.

Dieser Konflikt wird im dritten Kapitel anhand historischer Entwicklungen nachgezeichnet. So ist es vor allem die Integration der Region in die Weltgesellschaft, die dem Konfliktverlauf strukturell zugrunde liegt und bis heute bestimmt. In den Kapiteln vier und fünf wird die innerpalästinensische Gewalt auf der Meso- und Mikroebene analysiert. Das vierte Kapitel stellt die Entstehung der Beziehungsgeflechte anhand der Entwicklungsverläufe beider Organisationen dar. Das fünfte Kapitel nutzt diese strukturelle Darstellung, um die gewaltsamen Interaktionen von den frühen 1980er Jahren bis zur Eskalation im Juni 2007 zu erklären. Das letzte Kapitel dient der Zusammenfassung und Kritik der Ergebnisse.

2. Über das Verhältnis von Gewalt und Herrschaft

> *„Keine umfassende soziale Ordnung beruht auf der Prämisse der Gewaltlosigkeit. Die Macht zu töten und die Ohnmacht des Opfers sind latent oder manifest Bestimmungsgründe der Struktur sozialen Zusammenlebens."*
>
> Popitz 1992: 59

Die gesamte akademische Diskussion um den Gewaltbegriff ist von einer Unklarheit darüber geprägt, worum es sich bei dem Gegenstand eigentlich handelt (Heitmeyer/Soeffner 2004: 11). Probleme treten bereits bei der Definition von Gewalt auf. Wird die Anwendung von Gewalt Personen zugeschrieben, so kann hierunter eine physische oder psychische Schädigung begriffen werden, die Person X einer Person Y beibringt. Gewalt wurde demgegenüber aber auch institutionell oder strukturell definiert, wenn staatliche Gewalt oder die Auswirkungen sozialer Ausgrenzung diskutiert wurden (vgl. Galtung 1975). Dahinter stehen jeweils zwei Vorstellungen von dem, was Gewalt darstellt. Während die eine Position den Gewaltakteur als ein isoliertes Individuum betrachtet, sieht die andere die Gewalt losgelöst vom Individuum in sozialen Systemen oder Bedingungen verankert.

Weder die Verortung beim Individuum noch die Suche nach strukturellen Bedingungen der Gewalt führt jedoch sehr weit, weil die eine Herangehensweise reduktionistisch und die andere deterministisch bleibt. Die Suche nach Motivationen oder psychischen Zuständen, die die Gewaltanwendung herbeiführen, vernachlässigt die Einbettung der Gewaltakteure in soziale Kontexte. Demgegenüber verneint eine Definition der Gewalt über Strukturen eben jene individuellen Motivationen und Freiheitsgrade. Beide Vorstellungen von Gewalt übersehen das Beziehungsgeflecht, in welches die Gewaltakteure eingesponnen sind.

Die Vorstellung von Gewaltdynamiken, die hier verfolgt wird, ist komplexer und folgt der relationalen Theorieperspektive dieser Arbeit. Im Folgenden wird Gewalt hauptsächlich als eine physische Verletzung von Personen begriffen, die ihren Endpunkt beim Eintritt des Todes hat. In der physischen Verletzbarkeit eines jeden menschlichen Individuums liegt der Schlüssel zum Verständnis eines massiven Einsatzes von Gewalt in bestimmten sozialen Kontexten. Mit der Möglichkeit des Gewalteinsatzes gewinnt der die Gewalt Ausübende an Macht über den der Gewalt Unterworfenen. Wenigstens kurzfristig ist Gewalt als Verletzungs-, bzw. *„Aktionsmacht"* (Popitz 1992: 43-45) jeder anderen Machtressource wie beispielsweise Geld, Informationen oder Beziehungen überlegen. Durch die Verwendung von Waffen ist sie selbst für den Schwächsten jederzeit nutzbar zu machen.

Macht ist aber nichts, was ein Einzelner besitzen kann, sondern sie ist immer an eine Beziehung gebunden, die einen Machthabenden und einen Machtunterworfenen umfasst (Crozier/Friedberg 1993: 39). Es liegt in der Natur des Gewalteinsatzes, eine bestehende Machtbeziehung radikal verändern oder eine neue begründen zu können. Der Gewaltgebrauch ist somit relational bedingt, weil ihm Machtbeziehungen zugrunde liegen. Gewalt soll somit folgendermaßen definiert werden: *„Gewalt meint eine Machtaktion, die zur absichtlichen körperlichen Verletzung anderer führt"* (Popitz 1992: 48), während Macht im Sinne Max Webers als *„jede Chance, innerhalb einer sozialen Beziehung den eigenen Willen auch gegen Widerstreben durchzusetzen, gleichviel, worauf diese Chance beruht"* (Weber 2005: 38) begriffen wird.

Diese Perspektive wird von einer anderen akademischen Position angegriffen, die Gewalt weniger als Macht und mehr als die Ausübung von Zwang ansieht. Als zentrales Argument wird vorgebracht, dass der Zwang im Gegensatz zur Macht den Unterworfenen seiner Handlungsmöglichkeiten beraubt und der Machthaber selbst dessen Verhalten lenken muss (Luhmann 1988: 9). Die Nutzung von Gewalt als Zwangsmittel ist damit auf Interaktionen beschränkt, jedoch räumt auch Luhmann auf der gleichen Seite ein, dass sie über Erzwingungsstäbe auch in komplexere Systeme überführt werden könne. Das Argument ist generell nicht unplausibel, da es verdeutlich, dass für einen dauerhaften Gewalteinsatz ein gewisser Grad an Organisation notwendig ist. Gleichzeitig wird aber die Möglichkeit der Androhung von Gewalt unterschätzt, durch die eine gewisse Form von Fügsamkeit der Machtunterworfenen erreicht werden kann, ohne dass direkter Zwang notwendig ist.

Der massive Gebrauch von Gewalt als Machtressource tendiert aber dazu, zu einem Herrschaftsproblem zu werden – und dies in zweierlei Hinsicht. Kontinuierlich ausgeübte Gewalt erfordert Prozesse der Organisation und Herrschaftsbildung, da sie mittel- und langfristig zum einen Widerstand heraufbeschwört und zum anderen das soziale Gefüge innerhalb der Tätergruppe zu erodieren droht (Schlichte 2005: 129-131). Herrschaft wird im Folgenden als eine *„Chance [definiert], für einen Befehl bestimmten Inhalts bei angebbaren Personen Gehorsam zu finden"* (Weber 2005: 38).

Soll Gewalt längerfristig ausgeübt werden, so muss sie erstens in der Form eines Verbandes organisiert werden. Um einen solchen Verband dauerhaft erhalten zu können, muss sichergestellt sein, dass sich die Gewalt nicht nach innen, sondern nach außen richtet. Somit ist ein Mindestmaß an Herrschaft innerhalb des Verbandes erforderlich, um die nötige Disziplin aufrechtzuerhalten. Interne Gewalt muss sanktioniert werden. Eine Elementarbedingung jeder Sozialordnung ist die Hegung der Gewalt, sei es über soziale Kontrolle oder über die physische Sanktionierung des Gebrauches von Gewalt (Elias 1983). Die Logik der Herrschaft liegt dementsprechend in der Überführung der Machtressource

Gewalt in eine legitime Herrschaft, die hierüber ein Monopol etabliert. Ein Verband, der diese und die beiden anderen Elementarfunktionen der ökonomischen und symbolischen Reproduktion erfüllt, wird „*Überlebenseinheit*" (Elias 1991: 151) genannt, und zwar ganz unabhängig davon, ob es sich um einen Familienverband, einen Clan, eine bewaffnete Gruppe oder einen Staat handelt.

Zum zweiten können Gewaltverbände ihre organisierte Aktionsmacht selten in herrschaftsfreien Räumen ausüben. Mafiosi und Guerilleros müssen ständig mit der Verfolgung durch einen meist überlegenen Staat rechnen. Verschiedene bewaffnete Gruppen befinden sich häufig in Konkurrenz zueinander und bilden eine rivalisierende Gewaltkontrolle[2] aus. Andere müssen sich eventuell mit einflussreichen Clans arrangieren, die bereits als gewaltkompetente Akteure im Feld stehen und Kontrolle über Teile der Bevölkerung ausüben. Die verschiedenen Gewaltverbände bilden eine Figuration, in der sie durch die wechselseitige Konkurrenz aneinander gebunden sind.

Diese rivalisierende Gewaltkontrolle, die sich im Rahmen der Konkurrenz unterschiedlicher Verbände ergibt, setzt allerdings einen Monopolmechanismus in Gang (Elias 1976b: 157). Dieser sorgt dafür, dass sich durch Ausscheidung von unterlegenen Verbänden und Bündnisbildung die Machtchancen, die sich aus der Verfügung über Gewaltmittel ergeben, in den Händen von immer weniger Personen konzentrieren und letztlich ein Gewaltmonopol entsteht. Einmal errichtet ergibt sich in einem zweiten Schritt die Öffnung des zuvor mit Gewalt hergestellten Monopols. Die Konkurrenzkämpfe zirkulieren nun um die Monopole und haben nicht mehr deren Zerstörung sondern die „*Verfügungsgewalt über ihre Erträge*" (Elias 1976b: 156) zum Ziel.

Individuelle Machtchancen werden im Zuge der Herrschaftsbildung stärker an bestimmte Positionen in der Figuration wie etwa an einen König gebunden und es bildet sich eine symbolische Ordnung aus Praktiken und Zeichen heraus, die diese Herrschaftsordnung festigt (Elias 2003: 145-148). Entsprechende Prozesse der Herrschaftsbildung lassen sich bei bewaffneten Gruppen ebenso finden, und die Frage der Legitimität – gerade auch die des Einsatzes von Gewalt – erweist sich als zentral für den Ausgang dieser Prozesse (Schlichte 2008: 9). Generell setzt jegliche legitime Herrschaft den Glauben an ihre Gültigkeit – den Legitimitätsglauben – voraus (Weber 2005: 157).

Die Ausübung von Gewalt muss wie auch andere Praktiken innerhalb des eigenen Verbandes und gegenüber der relevanten Umwelt legitimiert werden. Geschieht dies nicht in ausreichendem Maße, leidet die Kohäsion des Verbandes und es besteht die Gefahr, dass Mitglieder desertieren und sich anderen Gruppen anschließen oder aber der Verband verliert die Unterstützung der Umwelt.

---

2 *Eine rivalisierende Gewaltkontrolle entsteht immer dann, wenn mehrere Gruppen um die Gebietskontrolle konkurrieren und die Machtressource Gewalt noch frei verfügbar ist.*

Der Zwang zur Legitimierung von Gewalt gegenüber der Umwelt ist umso höher, je stärker der Verband von dieser abhängig ist.

Der Einsatz von Gewalt kann darüber hinaus eine legitimierende und eine delegitimierende Wirkung haben. Erfolgreich geschlagene Schlachten und spektakuläre Militäroperationen können bestimmten Personen oder einer ganzen Gruppe zu Kriegercharisma verhelfen, was ihre Legitimität in der Bevölkerung oder innerhalb der Gruppe schlagartig erhöht (vgl. Weber 2005: 179). Gewalt kann auch langfristig als *„bindende Aktionsmacht"* (Popitz 1992: 47) dazu dienen, einen dauerhaften Herrschaftsanspruch auf der Basis von Gewaltandrohungen zu etablieren. Im Sinne einer *„Basislegitimität[...] der überlegenen Gewalt"* (Trotha 2000: 261) vermag sie grundlegend eine brüchige Form von Herrschaft aufzubauen. Wie aber im vorliegenden Fall anhand der Herrschaftsausübung Israels deutlich wird, fordert diese Art der Legitimierung recht schnell bewaffneten Widerstand heraus.

Die Gewaltausübung kann aber auch delegitimierend wirken. Der „Schatten der Gewalt" (Schlichte 2008: 9) lastet schwer auf bestehenden Ordnungen, da die sozialen Beziehungen kurzfristig durch die Beschleunigung der Geschehnisse zerrissen und langfristig durch psychosoziale Deformationen wie etwa dem posttraumatischen Belastungssyndrom zersetzt werden. Andererseits kann die erlittene Gewalt wiederum eine bestehende Ordnung stärken oder neuen Gemeinschaften zum Durchbruch verhelfen. Nichts vergemeinschaftet so stark wie gemeinsam erlittene Gewalt und Unrecht (Schlichte 2005: 289). Erlittene Gewalt legitimiert den Gewaltgebrauch bei den Opfern.

Das Kollektiv, das die Grundlage der Herrschaft darstellt, spielt bei der Legitimierung von Gewalt eine prominente Rolle, da hierzu Kategorien wie Freund und Feind erforderlich sind, also die, die dazu gehören und die, die außerhalb der Gruppe stehen. Während die Binnenmoral Mitglieder der eigenen Gruppe mitunter ein strenges Normenkorsett verordnet, sorgt die Außenmoral dafür, dass eine entsprechende Zurückhaltung gegenüber Außenstehenden fehlt (Nietzsche 1991: 34). Die Kodierung einer feindlichen Gruppe ist die zentrale Voraussetzung für die Ausübung kollektiver Gewalt.

Diese Kategorien müssen sozial nicht unbedingt bereits in der Wahrnehmung der Akteure präsent sein. Kategorisierungen in Form von Propaganda und eine zielgerichtete Gewalt kann die Gruppen erst erschaffen, die sie voraussetzt. Allgemein werden im Krieg bestehende Institutionen zerschlagen und soziale Kluften und Grenzen neu definiert, da sich die Verteilungen von Macht und Herrschaft sowie die der Ressourcen ändern. Die vielfach beobachtete Ethnisierung in Gewaltkonflikten ist somit meist nicht deren Voraussetzung, sondern vielmehr das Resultat der Konfliktverläufe, die einen *„Teufelskreis der Gewalt aus[lösen], in der die allgemeine Gewalt ein immer stärker werdendes Gefühl des Andersseins bewirkt"* (Jung 1995: 251).

Ist der Einsatz von Gewalt generell an Fragen der Macht und Herrschaft angegliedert, so werden auch die einzelnen Gewaltpraktiken ebenso durch die jeweilige Ordnung bestimmt. Gewaltpraktiken haben sowohl einen instrumentellen als auch einen symbolischen Charakter. Instrumentell ist die Gewalt vor allen Dingen, wenn es darum geht, direkt Macht auszuüben. Die symbolische Seite der Gewalt verweist dagegen stärker auf die Herrschaftsordnung, deren Legitimierung und die symbolische Reproduktion des Kollektivs. Symbolische Gewalt kann eine Kommunikationsstrategie (Waldmann 2001: 13) sein, mit der politische Botschaften vermittelt werden. Diese muss nicht nur an den Gegner gerichtet sein, sondern kann auch auf eine Bezugsgruppe zielen. Die spektakulären Gewalttaten gegen Israel beispielsweise dienten so nicht nur der Einschüchterung des Gegners, sondern waren noch viel stärker auf einen Statusgewinn der einzelnen Gruppen in der innerpalästinensischen Auseinandersetzung orientiert.

Nicht nur die Gewalt generell, sondern auch die Gewaltpraktiken folgen im Palästinakonflikt der dortigen Herrschaftsordnung. Das Selbstopferungsattentat[3] beispielsweise hat einerseits insofern einen sehr instrumentellen Charakter, als dass es eine der preiswertesten und effektivsten Möglichkeiten darstellt, dem Gegner in belebten Gegenden eine große Anzahl an zivilen Opfern abzuverlangen (vgl. Hoffmann 2006: 211-256; Reuter 2002: 9-31). Andererseits verweist es durch das Selbstopfer in symbolischer Hinsicht auf eine moralische Pflicht der Opfergemeinschaft, den Kampf nicht aufzugeben. Ihn nicht zu unterstützen hieße damit, die Gemeinschaft zu verraten, für die der Attentäter gestorben ist. Erstmals aufgetreten in einer Zeit der Spaltung der palästinensischen Gesellschaft ist das Selbstopfer eine Möglichkeit, die *„Einheit im Kampf"* (Larzillière 2003: 132) wiederherzustellen.

Als eine spezifische Form der Machtressource formal Unterlegener (Münkler 2006: 141) verweist das Selbstopferungsattentat auf die israelisch-palästinensische Herrschaftsordnung. Die vollkommene Macht der israelischen Streitkräfte besteht in ihrer technischen Überlegenheit, die es ihnen ermöglicht, jedem Individuum innerhalb des israelisch-palästinensischen Territoriums ohne große Hindernisse das Leben zu nehmen. Das Selbstopfer jedoch zeigt die Unvollkommenheit dieser Macht durch seinen symbolischen Widerstand. Das Attentat macht die Verletzbarkeit des Machthabers selbst sichtbar, während es gleichzeitig dem Machthaber die Verfügbarkeit über das Leben entzieht, indem es dieses selbst beendet. Im Selbstopferungsanschlag werden die beiden großen

---

3   *Der häufig verwendete Begriff des Selbstmordattentates wird hier aus zweierlei Gründen abgelehnt. Zum einen ist der Begriff des Selbstmordes semantisch vollkommen unzulänglich, zum anderen führt selbst die Vorstellung eines Suizidattentates in die Irre. Selbst dieser Begriff verschleiert noch die kollektive Bedeutung des Selbstopfers für die Gemeinschaft und macht den Anschlag zu einer persönlichen Angelegenheit des Attentäters.*

Symbolfiguren des Widerstands – der Attentäter und der Märtyrer – vereint (vgl. Popitz 1992: 58).

Auf der symbolischen Seite wurde Gewalt somit von beiden Parteien glorifiziert, einmal als „*Herrschaftsrecht*" und ein andermal als „*Akt der Befreiung*" (Popitz 1992: 67). Die israelische Seite benutzte die Exekutionen durch gezielte Luftangriffe, um die Illusion einer formal-rationalen Herrschaft aufrechtzuerhalten. Die „chirurgischen Eingriffe" im Sinne des „targeted killing" entsprachen nicht nur einer technisch-versachlichten, aber asymmetrischen Therapeutenbeziehung gegenüber dem palästinensischen Patienten, sondern demonstrierten ebenso die Überhöhung einer technisch überlegenen Streitmacht[4]. Auf palästinensischer Seite diente die Gewalt als Auflehnung gegenüber der als Okkupation empfundenen Abhängigkeit und Erniedrigung und wurde im Rahmen von Begräbnissen und Demonstrationen symbolisch nach- und vorbereitet und im Ganzen legitimiert (vgl. Hatina 2006: 33).

Bis jetzt wurde hauptsächlich über politische Gewalt gesprochen, die aber in Konflikten nicht unbedingt die dominante Form sein muss, sondern häufig von privater Gewalt überlagert wird. Generell wird in dieser Arbeit die innerfamiliäre Gewalt ausgeblendet. Sie ist selbst in weitgehend befriedeten Staaten häufig anzutreffen und bleibt nicht selten unsanktioniert. Für den innerpalästinensischen Konflikt spielen vielmehr Clanfehden, private Abrechnungen und simple Bereicherungskriminalität eine Rolle. Private Akteure nutzen den Konflikt, um ihre persönlichen Ziele durchzusetzen und manipulieren dazu gezielt die bewaffneten Gruppen und Machthaber durch das Lancieren von Hinweisen. Letztlich verschränkt sich damit die politische und private Gewalt in labilen Allianzen (Kalyvas 2003: 487). Die Machthaber sind auf die Kollaboration der lokalen Akteure angewiesen und benötigen deren Ressourcen und Wissen. Private Gewaltakteure profitieren von der Legitimation, die eine Absicherung und Unterstützung der politischen Gruppen mit sich bringt und werden so an zentrale Figurationen angebunden.

---

4   *Bezeichnend hierfür ist die Rechtfertigung der massiven Übergriffe auf palästinensische Flüchtlingslager, die der Stabschef der israelischen Armee, Moshe Yaalon, im Jahr 2002 anbringt: „The Palestinian threat is perfectly invisible. It's like a cancer [...]. There are all kinds of treatments for the symptoms of cancer. Some say you should cut out the diseased organs altogether. For the time being, I'm applying chemotherapy"* (Bucaille 2004: 150).

3. Ein Theorieansatz zur Erklärung von Gewaltdynamiken

> „Consider the profound challenge that comes with trying to reconcile circumstances and features of any particular social episode with the desire to fashion more general understandings of social life".
>
> *McAdam/Tarrow/Tilly 2003: 345*

3.1. Herleitung

In der Einleitung wurde bereits festgestellt, dass gängige Erklärungsversuche von Gewaltausbrüchen aus den Perspektiven des Strukturalismus, des Behaviorismus und des Rational Choice nicht recht überzeugen können. Mit dem Konzept der Figuration wurde hier eine relationale Theorieperspektive verfolgt, von der ich meine, dass sie sehr viel mehr zur Erhellung des Sachverhaltes beitragen kann. In diesem Kapitel werden die erworbenen Erkenntnisse generalisiert, um sie auch für andere Fälle nutzbar zu machen. Hierzu stelle ich Prozesse und Mechanismen vor, die dazu dienen sollen, den Gewaltverlauf in vergleichbaren Kontexten erklären zu können. Anwendbar könnten diese vor allem für Konkurrenzsituationen von zweien oder mehreren Gruppen sein, die sich auf eine gemeinsame Wir-Identität berufen.

Für eine Generalisierung ist der bearbeitete Fall aus mehreren Gründen sehr gut geeignet. Erstens ist er im Vergleich zu anderen Gewaltkonflikten sehr gut dokumentiert, sodass auch Details ausgewertet werden konnten. Zweitens konnte die Gewaltentwicklung über einen sehr langen Zeitraum von zwanzig Jahren betrachtet werden. Dabei zeigte sich in der Figurationsentwicklung ein hohes Maß an Varianz. Interne Konflikte in den Gruppen waren ebenso zu beobachten wie Änderungen der Abhängigkeiten zu dem Umfeld. Beide Gruppen machten eine Transformation in die Legalisierung durch.

Drittens waren die Figurationen in diesen Entwicklungen bereits in hohem Maße weltgesellschaftlichen Einflüssen unterworfen, die in Zukunft zunehmen werden. Viertens ist mit der dauerhaften Konkurrenz um eine Wir-Identität und damit eine Bevölkerungsgruppe eine wichtige Konstante vorhanden, die für die Legitimierung von Gewalt eine wichtige Rolle spielte. Zuletzt entspricht der Gewaltkonflikt dem Muster, das vom Hamburger Ansatz als zentrale Konfliktursache für die Kriege nach 1945 identifiziert wurde. Wie in vielen vergleichbaren Fällen handelt es sich um einen Staatsbildungskonflikt, bei dem zwei Fraktionen um die Etablierung ihrer Hegemonie in Form staatlicher Herrschaftsstrukturen konkurrieren.

Als eine zentrale Prämisse liegt meinen Ausführungen die Vorstellung zugrunde, dass Gewaltprozessen die Tendenz innewohnt, sich kontinuierlich fortzusetzen, wenn sie nicht effektiv durch Herrschaftsapparate begrenzt werden (vgl. Waldmann 1998). Man kann sich vorstellen, dass schrankenlose Gewalt ein soziales System ausbildet, dessen Interaktionen selbst für Anschlussfähigkeit sorgen. Wie auch generell bei Konflikten „*gibt es kaum noch Schranken für den Integrationssog des Systems – es sei denn solche der Umwelt, der Verhaltenszivilisation, des Rechts*" (Luhmann 1987: 532). Sowohl auf der Stufe des Konfliktes als auch auf der des Krieges tendiert die Gewalt somit dazu, sich zu verselbständigen (vgl. Nedelmann 1997). Der entscheidende Unterschied zwischen beiden Stufen liegt nun darin, dass bei der ersten die Gewaltkontrolle durch etablierte Herrschaftsstrukturen noch gegeben ist, während bei der zweiten dieses Hemmnis nicht mehr existiert (vgl. Jung 1995: 238, 248).

Hieran anknüpfend argumentiere ich, dass ein guter Teil der Gewalt zwischen den Gruppen aus der Beschaffenheit und dem Wandel der Herrschaftsfiguration(en) erklärt werden kann. In der empirischen Analyse hat sich gezeigt, dass sich sowohl die Herrschaftsstruktur der Figuration(en) als auch die Frage der Legitimität als entscheidende Variabeln zur Erklärung der Gewaltdynamiken im innerpalästinensischen Konflikt gezeigt haben (vgl. Kapitel 6). Ich folge im Weiteren dem zentralen Argument des Monopolmechanismus, wonach Figurationen infolge der gewaltsamen Konkurrenz wachsen und sich verdichten (vgl. Elias 1976b: 157). Die Interdependenzketten verlängern sich, da Unterstützung durch Rekrutierung von anderen Verbänden oder in Form von Ressourcen gesucht wird.

Das fundamentale Dilemma, was sich hieraus ergibt, besteht jedoch darin, gewaltsames Handeln gegenüber einer immer größeren Zahl an Individuen und Gruppen zu legitimieren. Wie eingangs erwähnt und in dem Kapitel über die Gewaltdynamiken ausgeführt, muss Gewalt meist nach innen innerhalb der Gruppe, nach außen gegenüber der Bezugsgruppe in der Bevölkerung und international gegenüber der Weltöffentlichkeit gerechtfertigt werden. Was hiervon der Fall ist, hängt aber davon ab, wie die Figuration entwickelt ist und wer die Bezugsgruppe darstellt. Nach innen sind die Gewaltverbände immer unter Rechtfertigungszwang. Sind sie darüber hinaus von Finanzressourcen aus der Bevölkerung oder von externen Akteuren abhängig, so besteht ihnen gegenüber ebenfalls eine Verpflichtung. Auch die Verfügung über die „Ressource Weltöffentlichkeit", etwa in Form von Leistungen internationaler Agenturen, ist von der Herstellung einer internationalen Legitimität abhängig.

Zur Erhellung des Zusammenhanges von Legitimität und Gewalt soll noch ein weiteres Konzept herangezogen werden, das ebenfalls im Rahmen des Hamburger Ansatzes bereits Berücksichtigung fand. Hierbei handelt es sich um die Unterscheidung von Binnen- und Außenmoral einer Gruppe, welche das Verhalten der Gruppenmitglieder maßgeblich beeinflusst. Ursprünglich von Nietzsche (1991: 34) aufgeworfen, ist es maßgeblich diese Unterscheidung, die die Gewaltanwendung bestimmt. Alles, was innerhalb der Gruppe mit einem Verbot belegt wird – rauben, plündern, morden –, ist außerhalb der Gruppe moralisch zulässig[5]. Wichtig für die Gewaltanwendung ist nun, wo diese Grenze verläuft. Dies wird häufig durch eine Ideologie bestimmt, die Freund und Feind klar definiert und die Gewaltanwendung gegen letzteren legitimiert. Wo diese Grenze genau verläuft, kann aber nur aus der Untersuchung der Binnenperspektive der Gewaltakteure gewonnen werden (Endres/Jung 1998: 95).

Meine zentrale Hypothese lautet hierzu, dass die Grenze zwischen Binnen- und Außenmoral stark von der Figurationsgröße abhängt. Endres und Jung (1998: 105) geben selbst Hinweise hierzu, wenn sie die Integration der Muslimbruderschaft in die ägyptische Gesellschaft beschreiben. So erweiterte sich schrittweise die Wir-Identität der MB, als sie zur Massenbewegung wurde und sich mit ihren Mitgliedern der Gesellschaft öffnete. Umgekehrt kann man bei der Fragmentierung und Desintegration von Gruppen eine Radikalisierung beobachten, die, wie ich argumentiere, die Grenze zwischen Binnen- und Außenmoral mit der Organisationsgrenze deckungsgleich macht. Zusammen mit einer entsprechenden Ideologie kann hierdurch auch die Gewaltanwendung gegenüber der Bevölkerung legitimiert werden (Endres/Jung 1998: 106). Diese Dynamiken von Integration und Desintegration bilden im Weiteren die Grundlage meines Ansatzes.

Jedoch ist zunächst mit der Bestimmung von Variabeln wie Herrschaft, Legitimität und Gewalt der Sachverhalt noch nicht hinreichend erklärt, da Mechanismen fehlen, die die Kausalität zwischen den Variablen herstellen. Unter einem Mechanismus verstehe ich wie Hedström und Swedberg (1998: 13f) eine idealtypische Erklärung von Entwicklungen, die nicht beansprucht, die Realität zu erklären, sondern versucht, die innere Logik der Situation analytisch und modellhaft zu erfassen. Ein Versuch, Mechanismen für strittige und damit potentiell gewaltsame Politik auf kollektiver Ebene zu finden, wurde von McAdam, Tarrow und Tilly (2003) vorgestellt. Charles Tilly (2003) hat darüber hinaus den Versuch unternommen, auf dieser Grundlage Gewaltphänomene mit Mechanismen zu erklären. Da sich die Autoren die relationale Theorieperspektive zu Eigen machen, ist sie potentiell anschlussfähig an den in dieser Arbeit beschrittenen Weg. Ein Mechanismus wird von den Autoren wie folgt definiert: *„We see mechanisms as delimited sorts of events that change relations among specified sets of elements in identical or closely similar ways over a variety of situations"* (McAdam/Tarrow/Tilly 2003: 25). Mechanismen tauchen jedoch nie isoliert auf, sondern sind kausal in Prozessen zusammengebunden. Diese sind in

---

[5] *„[D]ieselben Menschen, welche [...] im Verhalten zueinander so erfinderisch in Rücksicht, Selbstbeherrschung, Zartsinn, Treue, Stolz und Freundschaft sich beweisen – sie sind nach außen hin, dort wo das Fremde, die Fremde beginnt, nicht viel bessser als losgelassene Raubtiere. Sie genießen da die Freiheit von allem sozialen Zwang, sie halten sich in der Wildnis schadlos für die Spannung, welche eine lange Einschließung und Einfriedung in den Frieden der Gemeinschaft gibt" (Nietzsche 1991: 34).*

unterschiedlichen Situationen in nahezu identischer Form zu beobachten (McAdam/Tarrow/Tilly 2003: 27).

Die schwierige Aufgabe, die hier nur in Ansätzen geleistet werden kann, besteht darin, die konflikttheoretischen Ausführungen des Hamburger Ansatzes und die figurationssoziologischen Betrachtungen mit dem Modell von McAdam, Tarrow und Tilly zu kombinieren. Auch diese haben noch keine plausible Erklärung von Gewaltdynamiken hervorgebracht, doch birgt ihr Mobilisierungsansatz einiges an Potenzial, auf das ich gerne zurückgreifen möchte. Zunächst muss man jedoch die Schwächen des Ansatzes mit den Stärken des bisher beschrittenen Weges kontrastieren.

Meiner Erwägung nach sind vor allem zwei Dinge problematisch. Zum einen wird die Frage des Konfliktes in der Erklärung von Dynamiken des Widerstreites zu sehr ausgespart. Der Konflikt wird vorausgesetzt bzw. entsteht erst durch die Mobilisierung; der Ursprung bleibt jedoch im Dunkeln. Hier kann der Hamburger Ansatz die Lücke schließen, anhand dessen in der vorliegenden Arbeit bereits die Entstehung des innerpalästinensischen Konfliktes dargelegt wurde (vgl. Kapitel 4). In diesem wird der Konflikt aus einem gesellschaftlichen Widerspruch hergeleitet, den die beteiligten Konfliktakteure als Krise wahrnehmen. Im Umkehrschluss könnten Punkte, die dort bisher wenig betrachtet wurden – etwa die Frage der Herstellung einer konfliktfähigen Gruppe – durch den Mobilisierungsansatz näher beschrieben werden.

Zum anderen fallen bei den weiteren Ausführungen von Charles Tilly (2003) auf, dass einerseits vollständig disparate Gewaltformen zusammengebunden werden und andererseits zu deren Erklärung die Form des politischen Regimes des jeweiligen Landes herangezogen wird. So wirkt die Zusammenstellung der Gewaltformen aus den Variabeln Koordination und dem erzieltem Schadensgrad – gewalttätige Rituale, abgebrochene Verhandlungen, koordinierte Zerstörung, vereinzelte gestreute Anschläge, Opportunismus, Handgemenge und individuelle Aggression – sehr beliebig und kann nicht recht überzeugen (vgl. Tilly 2003: 15). Dies liegt vor allem daran, weil zur notwendigen Reduktion der komplexen Weltlage als weitere Variable eine Klassifikation von Regimetypen nach stark/schwach und demokratisch/autokratisch vorgenommen wurde (vgl. Tilly 2003: 41-53).

Wie aber in den theoretischen Ausführungen zur Gewalt bereits dargelegt, sehe ich das Problem der Gewaltkontrolle eher in der jeweiligen Herrschaftsstruktur als in dem Regimetyp begründet. Dass demokratische Regime in ihrem Inneren häufig gewaltfreier sind, wird hier nicht generell bestritten. Es soll nur die vorausgesetzte Kausalität hinterfragt werden. Ist die Herrschaft gewaltfreier, weil der Regimetyp demokratisch ist, oder ist es nicht vielleicht andersherum, wie die weltgesellschaftlichen Ausführungen am Anfang dieser Arbeit nahe legen? Eine Demokratisierung setzt schließlich eine Vergesellschaftung des Staates voraus, die aber nur erfolgen kann, wenn sich außerhalb des Staates Machtgruppen bilden, die effektiv seine Macht begrenzen (Siegelberg 2000: 30).

Entsprechend werde ich im Weiteren mit meinen Erklärungen auch nicht am Regimetyp ansetzen, sondern versuchen, die Gewaltdynamiken aus Veränderungen in der Herrschaftsstruktur zu erklären. So sehe ich die entscheidende Variable in den Mechanismen auch nicht in der Koordination gewaltsam agierender Akteure (vgl. Tilly 2003: 79), sondern in deren Einbindung in Herrschaftsbeziehungen. Dies zeigt sich im vorliegenden Fall recht eindeutig, als die Mobilisierung der Bevölkerung in der Ersten Intifada sich zu einer blutigen Konkurrenz um Kontrolle zwischen der PLO und der Hamas entwickelte. Der Begriff der Koordination verströmt eine wissenschaftliche Neutralität, die sich in der Empirie leider so nicht finden lässt, da es sich gerade bei politischen Konflikten immer um Kämpfe um gesellschaftliche Machtchancen und deren Transformation in Herrschaft handelt.

Im Folgenden stehen so Prozesse der Integration und Desintegration von Herrschaftsfigurationen im Vordergrund, denen ich Mechanismen zuweise. Ein Wachstum und eine Verdichtung der Abhängigkeitsketten einer Figuration definiere ich im Folgenden als einen Integrationsprozess. Über Allianzen und eine höhere Präsenz in der Gesellschaft erhöht sich so der Grad an zentral organisierter Herrschaft. Dieser Monopolprozess ist selbst konfliktiv, führt aber zu einer stärkeren Verregelung der Gewalt. Die Wir-Identität erweitert sich schrittweise aufgrund des Wachstums und der Verdichtung von Abhängigkeitsketten.

Die Zerstörung von Abhängigkeitsbeziehungen durch Spaltungen oder militärische Zerschlagung hingegen definiere ich als einen Desintegrationsprozess. Die Abnahme von Herrschaftsbeziehungen, die die Gewalt kontrollieren, führt zu einer Entgrenzung der Gewalt, so meine Argumentation. Gewaltakteure finden sich in kleinen Gruppen zusammen, die mit lokalen Herrschaftsstrukturen paktieren. Dies erhöht jedoch die Konkurrenz und mündet in eine rivalisierende Gewaltkontrolle und den Kampf um die Gebietshoheit. Die Wir-Identität verringert sich und die Grenze zwischen Binnen- und Außenmoral wird deckungsgleich mit der Organisationsgrenze.

Beide Episoden können bereits auf der Ebene des Konfliktes angesiedelt werden, entfalten ihre Wirkung jedoch wohl erst richtig im Kriegszustand, wo der Teufelskreis der Gewalt seine volle Wirkung entwickelt. Die Integration beginnt bereits bei der Formierung der konfliktfähigen Akteure (vgl. Siegelberg 1994: 179-193). Im Weiteren werden diesen beiden Episoden nun Prozesse und Mechanismen zugeordnet, die sich auch in dem empirischen Fallbeispiel finden lassen.

Zum Schluss sollen noch drei Hinweise gegeben werden, um Missverständnisse zu vermeiden. Erstens muss noch einmal darauf hingewiesen werden, dass es sich bei den gebildeten Prozessen und Mechanismen um idealtypische Darstellungen handelt, die in der empirischen Realität nicht derart eindeutig vorzufinden sind. Letztlich gibt es dort eine unendliche Zahl an Faktoren, die die Gewaltentwicklung beeinflussen und welche in dieser Detailgenauigkeit schon aufgrund des beschränkten Zugangs zum Untersuchungsfeld nicht zu bestimmen sind. Prozesse der Integration und Desintegration können sich in der Empirie auch überlagern und gleichzeitig ablaufen.

Zweitens bezieht sich die Aussagekraft dieses Modells gemäß den theoretischen Ausführungen zur Weltgesellschaft ausschließlich auf kriegerische Kontexte der nachholenden Konsolidierung von Staatlichkeit. Innerhalb der OECD-Welt kann man vermutlich bei „terroristischen" Gruppen ähnliche Prozesse finden. Jedoch ist hier das staatliche Gewaltmonopol bereits hinreichend gefestigt und eingehegt, so dass innere Konflikte weitgehend gewaltfrei prozessiert werden können und es kaum zu der Bildung komplexerer Gewaltverbände kommt.

Drittens wird darauf hingewiesen, dass primär die politische Gewalt zwischen bewaffneten Gruppen erklärt werden soll. Das Modell könnte aber auch für Konflikte zwischen einer Gruppe und einem Staat angewendet werden. Als Figurationen haben bewaffnete Gruppen und Staaten mit dem gleichen Problem der Legitimierung und Delegitimierung zu kämpfen. Private Gewalt kann nur insofern erklärt werden, als sie sich unter dem Deckmantel der politischen Gewalt verbirgt und private Gewaltakteure in zentrale Herrschaftsfigurationen eingesogen werden. Es wird kein Anspruch erhoben, andere Formen kollektiver Gewalt wie Lynchjustiz, gewaltsame Aufruhre oder Pogrome zu erklären. Der Fokus bleibt auf die politische und kriegerische Gewalt gerichtet, die ein Mindestmaß an Organisation erfordert.

3.2. Prozesse der Integration von Figurationen

In den Episoden der Integration unterscheide ich fünf Prozesse, die idealtypisch den Entwicklungsverlauf von der Genese bis zur Institutionalisierung gewaltsamer Akteure beschreiben. Im Einzelnen handelt es sich hierbei um Akteursgenese, Polarisierung, Ebenenwechsel, Differenzierung und Transformation. Die ersten drei Mechanismen übernehme ich vollständig aus dem von McAdam, Tarrow und Tilly (2003: 313-340) entwickelten Mobilisierungsmodells. Ich verändere sie aber dahingehend, dass ich gegenüber deren Bezug auf den Regimetyp und der Koordination der Akteure stärker den Aspekt der Herrschaft herausarbeite. Dort bereits vorzufindende Verweise auf Gewaltdynamiken hebe ich heraus und ergänze eigene Ausführungen aus dem Fallbeispiel. Wie in dem fünften Kapitel zu sehen ist, haben beide Gruppen alle Stufen der Integration bis zu der Transformation in eine Partei durchlaufen.

3.2.1. Akteursgenese

Wie in dem Mobilisierungsmodell bildet sich auch in meinem Fallbeispiel mit der Hamas ein neuer Akteur, der eine etablierte Bewegung politisch herausfordert. Dieser Prozess beginnt damit, dass sich eine Ansammlung von Individuen oder eine bereits bestehende Gruppe eine neue kollektive Bestimmung sucht (McAdam/Tarrow/Tilly 2003: 316). Damit reagieren die Akteure krisenhaft auf einen wahrgenommenen gesellschaftlichen Widerspruch. Konfliktbereit werden sie aber erst, wenn sie in einem zweiten Schritt auch als Gruppe innovativ handeln (McAdam/Tarrow/Tilly 2003: 316). Im Fallbeispiel nahmen die jungen Muslimbrüder der Okkupationsgeneration die Probleme wahr, die sich aus der ungleichzeitigen Modernisierung ergaben (vgl. Kapitel 4.5). Sie versuchten, die Kluft zwischen traditionaler Moral des Habitus und den modernen Verhältnissen in den sozialen Feldern durch eine Re-Islamisierung der Gesellschaft zu schließen. An den Universitäten strebten sie daher danach, die Hegemonie der Fatah zu brechen, um Lehrpläne und Stellenbesetzungen zu verändern.

Gleichzeitig stellten die Universitäten einen Raum dar, in dem Herrschaft legitimiert oder delegitimiert werden kann. Auf die Angriffe der MB reagierten deren Anhänger mit einer öffentlichen Diffamierung der MB, bei der sie sich auf die Nation als Kollektiv Bezug nahmen. Damit wurden beide Fraktionen in einer Dynamik der eigenen Legitimierung und wechselseitigen Delegitimierung aneinander gebunden (McAdam/Tarrow/Tilly 2003: 316). Beide Fraktionen waren gezwungen, sich zu positionieren, und ihre Identitäten neu zu definieren. Diese Kämpfe, in denen die Fraktionen ihre eigene Identität verteidigen, eskalieren aber bei fehlenden Institutionen der Konfliktregelung häufig gewaltsam, weil sie sich gegenseitig als das Andere definieren (McAdam/Tarrow/Tilly 2003: 321). Damit wird die Grenze zwischen Binnen- und Außenmoral deckungsgleich mit den Grenzen der sich festigenden Gruppen.

Schließlich entstehen aus dieser Dynamik neue Gruppenidentitäten, und neue Kategorien und Symboliken werden entwickelt, was in Situationen, wo ein hohes Verlustrisiko für alle Beteiligten herrscht, letztlich in die Bildung eines neuen Akteurs mündet (McAdam/Tarrow/Tilly 2003: 321). Das Risiko war für die Muslimbrüderschaft durch den Ausbruch der Intifada extrem hoch, da militante Mitglieder abzuwandern drohten. Sie reagierte daraufhin mit der Gründung der Hamas als nationalreligiöse, politische Bewegung. Der damit vollzogene Schritt der Nationalisierung hatte jedoch bereits während der Kämpfe an den Universitäten begonnen, wo Studentengruppen aneinander gerieten. Ähnliche Kämpfe der Legitimierung und Delegitimierung fanden auch in den Gefängnissen statt, in denen die Muslimbrüder nach der Gründung der Hamas vermehrt vorzufinden waren. Weitgehend abgeschlossen war der Prozess im Jahr 1990, als die Fatah die Existenz der Hamas als politische Bewegung anerkannte und diese auch eine eigene Symbolik gefunden hatte. Ab 1987 wurde dieser Mechanismus aber von zwei anderen begleitet, die sich ergänzten: Polarisierung und Ebenenwechsel.

3.2.2. Polarisierung

Der Mechanismus der Polarisierung wurde durch die Intifada eingeleitet. Er erreichte seinen Höhepunkt jedoch erst 1991/92, als auch die Gewalt deutlich anstieg. Angetrieben wurde er durch Spiralen aus Gelegenheiten und Gefährdungen zwischen den beiden Gruppen, die häufig gewaltsam eskalierten (vgl. McAdam/Tarrow/Tilly 2003: 322-331). Der Beginn der Intifada bot mit dem Zusammenbruch des israelischen Herrschaftsregimes die einmalige Gelegenheit für beide Gruppen, ihre Herrschaft über die Gesellschaft auszuweiten. In der Konkurrenz um dieselben Bevölkerungsteile bestand so für beide gleichermaßen die Gefahr der Marginalisierung. Der Wettbewerb um die vereinzelten sozialen Gruppen und Clans in der Bevölkerung stellte ein Element in dieser Spirale dar (vgl. McAdam/Tarrow/Tilly 2003: 322-331). Das komplementäre Element bestand in der Vermittlung und dem Zusammenschluss vorher noch unverbundener sozialer Gruppen (vgl. McAdam/Tarrow/Tilly 2003: 322-331). Hierdurch bildeten sich gesamtgesellschaftliche Kategorien, die sich unvermittelt gegenüberstanden (vgl. McAdam/Tarrow/Tilly 2003: 322-324).

Im vorliegenden Fall bildeten die Befürworter und die Gegner des Friedensprozesses die Kategorien der Konfrontation, die sich 1991 abzeichnete. Die Verhandlungen boten der Hamas eine Gelegenheit, die Fatah als Verräter gegenüber der palästinensischen Nation zu delegitimieren, bargen aber auch die Gefahr, bei einem Erfolg der Friedensbemühungen einer gestärkten Fatah gegenüberzustehen. Bei der Fatah verhielt es sich entsprechend entgegengesetzt. Da die Friedensverhandlungen von der fortdauernden Intifada gefährdet wurden, versuchte die Fatah, den Einfluss der Hamas gewaltsam zurückzudrängen und setzte damit die Spirale in Bewegung, die die beiden Fraktionen an den Rand des Bürgerkrieges brachte.

Jedoch anders als etwa im Fall des Bürgerkriegs in Ruanda hatte die Polarisierung nicht die Bildung von zwei Wir-Identitäten zur Folge, die sich gegenseitig als Feindbild konstruierten. Der einigende Feind war Israel und beide Fraktionen bezogen sich auf die palästinensische Nation, die deren gemeinsame Wir-Identität darstellte. Gleichzeitig waren durch den sich anschließenden Prozess des Ebenenwechsels und Verankerung in der Bevölkerung bereits Verbindlichkeiten gegenüber dieser hergestellt worden. Die Grenze zwischen Binnen- und Außenmoral beider Gruppen hatte sich auf die palästinensische Gemeinschaft ausgeweitet, da beide den Herrschaftsanspruch über eben diese beanspruchten. So ist es auch nicht weiter verwunderlich, dass die bewaffneten Übergriffe endeten, als die Deportationen von Hamas-Mitgliedern breiten Zorn in der Bevölkerung hervorriefen und der Hamas zu hoher Popularität verhalfen. Zweitens wurde weder von der einen noch von der anderen Partei eine destruktive Ideologie geschaffen, die die Gewaltanwendung untereinander hätte legitimieren können. Drittens schließlich ist der innermuslimische Kampf „fitna" als ein arabisches Trauma mit einem Tabu belegt, das als Zivilisationshürde gelten kann (vgl. Hatina 2006: 37). Den Bruch der Zivilisationsschranken konnten lediglich der extreme Druck und das Problem der Transformation im Jahr 2007 herbeiführen, was ein akutes Sicherheitsdilemma hervorrief. In dieser hochriskanten Situation mündeten die Spiralen aus Gelegenheiten und Gefährdungen dann in den kurzen Bürgerkrieg. Im Gegensatz zu dem Vorfall von 1991 kam aber noch die sozioökonomische Polarisierung zwischen den Anhängern beider Gruppen hinzu, die diese Dynamiken bereits vor der Wahl anschob und verschärfte.

3.2.3. Ebenenwechsel und Verankerung

Die Hamas hätte aber nicht solche Spiralen aus Opportunitäten und Gefährdungen hervorrufen können, wenn sie sich nicht zur gleichen Zeit zu einer großen Nationalbewegung entwickelt hätte. Hier bieten McAdam, Tarrow und Tilly (2003: 333) zwei Wege an, die dazu führen, dass sich viele disparate Akteure für ähnlich genug halten, um ein gemeinsames Ziel zu verfolgen. Zum einen ist dies die Diffusion und Mobilisierung von Individuen über bereits bestehende Beziehungen. Zum anderen werden über die Bildung von Koalitionen und Vermittlung vorher unverbundene Akteure zusammengeführt.

Auch wenn dies im Fall der Hamas nicht ganz klar ist, so kann man doch annehmen, dass beides geschehen ist. Die Muslimbrüderschaft verfügte bereits über ein weites Netzwerk, das genutzt werden konnte. Darüber hinaus wurde die Bewegung als Hamas auch für viele national orientierte Personen interessant. Später schlossen sich verschiedene Oppositionsgruppen zusammen, die faktisch von der Hamas dominiert und marginalisiert wurden. Hier erweiterte sich somit die Figuration, was aber nicht unbedingt die Koordination der Aktion erhöhte, sondern vielmehr die Herrschaft der Hamas ausweitete. Offensichtlich schlossen sich die Clans entweder der einen oder der anderen Fraktion an und brachten neue Abhängigkeiten mit sich.

So ist es denkbar, dass Clanstreitigkeiten ab diesem Punkt das Potential hatten, in interfraktionelle Gewalt zu eskalieren. Hierzu liegen keine Erkenntnisse vor. Kalyvas (2003: 486f) beschreibt aber das diesen Allianzen innewohnende Dilemma. Laut ihm sind die lokalen Akteure meist an eine der Hauptfraktionen angebunden, von der sie sich Schutz, Einfluss und den Zugriff auf Ressourcen versprechen. Gleichzeitig benötigen die Fraktionen Unterstützung und Informationen, was sie von den lokalen Akteuren abhängig macht. Sie sind so sehr leicht für Manipulationen empfänglich und können etwa über Denunziationen in einen lokalen Konflikt gezogen werden.

Aber auch der gegenteilige Fall ist denkbar. Ein Fall ist bekannt, wo ein Clankonflikt zu einem politischen Vorfall zwischen den beiden Fraktionen aufgestuft wurde (Hass 2003: 66). Hierdurch blieb weitere Gewalt aus, da offensichtlich weder die Fatah noch die Hamas eine offene Konfrontation riskieren wollten und die angebundenen Clans zurückhielten. Auf jeden Fall dürfte die Erweiterung der Figuration generell dafür sorgen, dass innerhalb der Allianz auf Gewalt verzichtet wird, da dies Repressalien des zentralen Akteurs heraufbeschwört.

3.2.4. Funktionale Differenzierung

Komplexere Organisationen, die auch als Bewegung in der Bevölkerung verankert sind, differenzieren sich nach innen aus. Werden etwa wie im Fall der Hamas staatsähnliche Dienste wie die Sozialfürsorge erbracht, so müssen diese organisiert werden. Auch die Eindämmung von Streitigkeiten und die Etablierung einer Jurisdiktion erfordern auf längere Sicht verschiedene Unterabteilungen, die sich mit den speziellen Problemen befassen. Je stärker die Gruppe somit die Kontrolle über ein Gebiet an sich zieht und die dortige Herrschaft über die Bevölkerung beansprucht, desto höher wird der Druck, die Komplexität der Umwelt innerhalb der Organisation abzubilden und damit bearbeiten zu können (vgl. Luhmann 1987: 259-262).

Viel wichtiger für die Gewaltentwicklung ist jedoch die Differenzierung zwischen dem militärischen und dem zivil-politischen Apparat, die man bei einer Vielzahl von politischen Bewegungen finden kann. Die kriegerische Konfrontation erfordert in den meisten Fällen eine Professionalisierung und Restrukturierung des bewaffneten Verbandes. Gelingt dies nicht, so setzen Mechanismen der Desintegration ein, und die Figuration droht im schlimmsten Fall militärisch zerschlagen zu werden. Im vorliegenden Fall war die Differenzierung bei der Hamas ab 1990 deutlich zu beobachten, wodurch sie im Prinzip zunächst gestärkt aus der Konfrontation mit Israel hervorging.

Die Differenzierung in einen politischen und einen militärischen Flügel schafft jedoch zwei soziale Felder mit unterschiedlichen Logiken, deren Vertreter intern miteinander konkurrieren (vgl. Bourdieu/Wacquant 2006: 127-132). Soziale Kämpfe finden hierdurch nicht nur zwischen kollektiven Akteuren statt, sondern auch in ihnen. Konkurriert wird um symbolisches Kapital, das sich in beiden Feldern auf unterschiedliche Art und Weise akkumulieren lässt. Im politischen Feld ist es die Legitimität der Bewegung in der Bevölkerung, die die dortigen Führer stärkt. Die Verhandlungserfolge der PLO-Führung in Gesprächen mit Israel haben beispielsweise die Stellung der alten Garde gegenüber den jungen militärischen Führern gefestigt.

Das Dilemma ist jedoch, dass im militärischen Feld dieses Kapital hauptsächlich über die Akkumulation von Kriegercharisma gewonnen wird. Damit liegt das Interesse der Aktivisten entsprechend der Logik des Feldes in einer Fortführung der Kämpfe, da ihnen dies einen Statusgewinn verspricht. Erfährt die Gruppe Gewalt, so ist der interne Druck sehr hoch, mit Gegengewalt zu antworten, die leicht legitimiert werden kann. Aufrufe zur Waffenruhe und Mäßigung aus dem politischen Feld können so leicht als Politik der Schwäche delegitimiert werden. Je schärfer die Gewalteskalation voranschreitet, desto stärker wird die Position des militärischen Feldes in den internen Machtkämpfen.

3.2.5. Transformation

Die Transformation der bewaffneten Gruppe bzw. Bewegung in eine Partei oder die Regierungsübernahme stellt den idealtypischen Schlusspunkt der Integration dar. Dieser Prozess ist aber mit sehr hohen Risiken und Chancen behaftet, da zum einen nun neue Abhängigkeiten und Zwänge hinzukommen, sich zum anderen aber auch die Legitimität und die Ressourcenbasis erhöht. Die Gruppe wird als Staat auch von dem Legitimitätszwang gegenüber der Weltöffentlichkeit erfasst, vor allem wenn ein Großteil des staatlichen Budgets von internationalen Agenturen stammt. Meist muss daher das radikale Programm aus der Gründungszeit einer moderateren Position weichen, was allerdings innerhalb der Bewegung zu Legitimitätsproblemen führen kann. Aus der Bewegung selbst und von neuen Akteuren außerhalb der Bewegung können nun delegitimierende Diffamierungen einen neuen gewaltbehafteten Prozess der Polarisierung in Gang setzen.

So ist es nicht verwunderlich, dass der erste Prozess der Polarisierung mit dem Beginn der Transformation der Fatah zusammenfiel. Die Hamas konnte die Fatah nur deswegen so erfolgreich öffentlich angreifen, weil diese sich von ihrem früher proklamierten bewaffneten Kampf gegen Israel distanziert hatte. Dieser bildete aber einen der Grundsteine im palästinensischen Nationalbewusstsein, sodass sich die Hamas mit der Übernahme des alten Zieles der Fatah geschickt gegenüber der Bevölkerung positionierte. Der zweite Prozess der Polarisierung ging ebenfalls mit der Transformation der Hamas in eine Partei einher und führte geradewegs in den Bürgerkrieg.

Die Polarisierung schraubt die Spirale auch deswegen in diese Höhe, weil die Aktivisten in ihren sozialen Arrangements und Lebenschancen auf die Exklusion anderer Individuen angewiesen sind, die sich außerhalb der Gruppe befinden (vgl. Tilly 2003: 76). Nirgendwo war dies so klar wie bei der Fatah. Die Lebenschancen der Fatah-Mitglieder beruhten vor allem auf dem exklusiven Zugriff auf das Klientelsystem und die Verteidigung dieser Exklusion durch die Kontrolle der Sicherheitsapparate. So ist klar, warum die Anhänger von Mohammed Dahlan im Gazastreifen gleich nach dem Wahlsieg der Hamas auf

Konfrontationskurs gingen und Präsident Abbas dazu drängten, den Sicherheitsapparat nicht der Hamas zu überlassen.

Neben der bereits im zweiten Prozess beschriebenen Polarisierung zwischen den Gruppen ist auch die interne Polarisierung innerhalb der jeweiligen Gruppen interessant. Die Fatah verschleppte den inneren Konflikt zwischen Befürwortern und Gegnern des bewaffneten Kampfes im Prinzip bis zur Zweiten Intifada, als er gewaltsam gegen Israel, aber auch innerhalb der Gruppe eskalierte. Bei der Hamas gab es dagegen eine stärkere Bearbeitung von inneren Konflikten durch die Kultur des Konsenses. Hier wirkte sich die Autonomisierung des militärischen Flügels stärker aus, der aus Gründen der Schwäche der politischen Führung und der Spiralen aus Opportunitäten und Gefährdungen das Ruder übernahm.

Im riskanten Prozess der Transformation kann somit eine Polarisierung innerhalb und außerhalb der Bewegung zu Spiralen der Gewalt führen. Abspaltungen oder die Bildung einer Oppositionsgruppe sind dann die Folgen. Die Demobilisierung und Versorgung der Mitglieder des bewaffneten Flügels stellt ein drittes Problem dar. Geschieht dies nicht erfolgreich, so schließen sie sich anderen Bewegungen an oder bilden eine neue bewaffnete Gruppe. Eine Demobilisierung ist für die bewaffneten Aktivisten problematisch, da sie fast immer einen Statusverlust und den Verzicht auf die Akkumulation von Kriegercharisma bedeutet. Daher werden die bewaffneten Verbände häufig gar nicht demobilisiert, sondern wie auch hier im Fallbeispiel legalisiert und in den Sicherheitsapparat integriert. Die Loyalität zur zivilen Führung bleibt aber kritisch, und die Gefahr der Autonomisierung und Machtübernahme durch den Sicherheitsapparat bleibt bestehen. Trotz alledem bietet die Integration der bewaffneten Gruppe die Möglichkeit der Ausweitung der Wir-Identität auf die gesamte Gesellschaft und damit letztlich der Zivilisierung des Sicherheitsapparates. Hierzu ist aber letztlich eine effektive zivile Kontrolle des Herrschaftsapparates notwendig, die erst gesellschaftlich erkämpft sein will.

3.3. Prozesse der Desintegration von Figurationen

In den Prozessen der Desintegration werden die Mechanismen nicht einem bestimmten Verlauf zugeordnet. Sie können einzeln oder in Kombination, massiv oder nur vereinzelt wirksam werden. Trotzdem kann in idealtypischer Weise die Desintegration als der Zerfall einer komplexen, integrierten Figuration in eine lokalisierte Figuration beschrieben werden. In dessen Verlauf spaltet sich eine zentrale Überlebenseinheit in kleine dezentrale Gruppen auf, die eigene Überlebenseinheiten bilden. Die Wir-Identität reduziert sich hierdurch, und die Gruppen beginnen, untereinander um die Gewaltkontrolle in bestimmten Gebieten zu rivalisieren. Diese unterscheiden sich dann nicht mehr maßgeblich von den Praktiken der russischen Mafia, die in den 1990er Jahren Schutzgelder erpresste und die Sicherung von geschäftlichen Transaktionen anbot (Volkov 2002: 25). Auch in den algerischen Vorstädten ließ sich in den 1990er Jahren ein solches Phänomen beobachten, wo Gruppen Jugendlicher, die der „Groupe Islamique Armé" angehörten, untereinander um die Kontrolle von städtischen Quartieren kämpften (Martinez 1998: 318). In dem vorliegenden Fallbeispiel kam es vor allem während der Ersten und Zweiten Intifada zu Desintegrationserscheinungen.

3.3.1. Bruch in der ökonomischen Reproduktion

Eine schrumpfende Finanzbasis gefährdet die Existenz einer Überlebenseinheit, die die ökonomische Reproduktion ihrer Mitglieder sicherstellen muss. Ein möglicher Grund für eine Verringerung der Ressourcenzufuhr ist womöglich ein Legitimitätsverlust gegenüber wichtigen Bezugsgruppen. Entscheidend ist, welchem Financier die Gruppe gegenüber Rechenschaft schuldig ist – externen Mächten, der Bevölkerung oder womöglich internationalen Geldgebern. Gerade der Einsatz von Gewalt kann in diesem Zusammenhang eine delegitimierende Wirkung entfalten. Können die bewaffneten Aktivisten als ein Ergebnis dieser Entwicklung nicht mehr hinreichend versorgt werden, so suchen diese nach neuen Erwerbsmöglichkeiten. Sind die Befehlsketten noch intakt und die Loyalitäten erhalten geblieben, so kann dies eventuell temporär über private Geschäfte legaler oder illegaler Art ausgeglichen werden. Von ihrer Entlohnung enttäuschte Mitglieder der PA-Polizei verschafften sich beispielsweise ein zusätzliches Einkommen über Kreditkartenbetrug, Autoschieberei und Schutzgelderpressung ohne dabei den Verband zu verlassen (Bucaille 2004: 54f).

Ist dies nicht mehr der Fall, dann lokalisiert sich die Herrschaftsstruktur rapide, da sich kleine Gruppen bilden, die miteinander um Geldgeber und Gebietskontrolle konkurrieren. Länger bestehende Rivalitäten eskalieren, und alte Rechnungen werden nun beglichen. Da kein zentraler Akteur die Verwendung von Gewalt als Machtmittel kontrolliert, entsteht ein gewaltoffener Raum, in dem die Vollstreckung privater Ansprüche – ob gerechtfertigt oder nicht – von Gangs übernommen wird. Die Gewalt privatisiert sich zunehmend. Im vorliegenden Fall konnte genau dies bei dem Zusammenbruch der Autonomiebehörde beobachtet werden. Die Führung der PA hatte sich durch ihre Unterstützung der Zweiten Intifada selbst delegitimiert was von israelischer Seite propagandistisch voll ausgeschöpft wurde.

Nachdem Arafat nicht mehr als legitimer Partner anerkannt war, versiegten die internationalen Geldströme. Die Transformation der Fatah in den Staat drohte an allen Fronten zu scheitern. Die internationale Legitimität sank in der Intifada rapide. Die Binnenlegitimität war verbraucht, da sich viele enttäuschte Aktivisten der „jungen Garde" nach dem Scheitern des Osloer Prozess wieder dem bewaffneten Kampf gegen Israel verschrieben und nicht mehr den Anweisungen der PA-Führung gehorchten. Die Außenlegitimität gegenüber der Bevölkerung war durch die zahlreichen Korruptionsvorwürfe ebenso beschädigt, und die Hamas gewann an Popularität. Nach dem Zusammenbruch der PA 2002 zerfiel auch der Klientelapparat, an den die Milizen der Al-Aqsa-Märtyrerbrigaden (AMB) angebunden waren, die sich daraufhin neue Auftraggeber unter lokalen Machthabern suchten. Clans, die vorher an die Fraktionen angebunden waren, übernahmen wieder die basalen Elementarfunktionen der Gewaltkontrolle und der ökonomischen Reproduktion. Da die Milizen durch ihre Gewaltkompetenz aber angegliederte, schwächere Clans aufwerteten, verschärften sich die Rivalitäten infolge der Veränderung der Machtbalancen.

Während der Ersten Intifada war ähnliches zu beobachten. Der Rückhalt der Bevölkerung schwand ab 1990 beständig und die Intifada militarisierte sich entsprechend, da nun hauptsächlich bewaffnete Aktivisten die Szenerie beherrschten. Die PLO verlor infolge ihrer Positionierung in der Kuwaitkrise die finanzielle Unterstützung der Golfstaaten und musste ihre Zahlungen an die Shabiba-Gruppen der Fatah in die Besetzten Gebiete verringern. So bildeten sich kleine Gruppen bewaffneter Aktivisten, die mit örtlichen vermögenden Notabeln eine Vollzugspartnerschaft[6] eingingen. In Nablus etwa wurden die Gruppen gegen finanzielle Unterstützung in bereits bestehende Rivalitäten eingebunden (Bucaille 2004: 28).

3.3.2. Autonomisierung oder Radikalisierung durch Repression

Ausgelöst wird dieser Mechanismus durch Verhaftungen und Ermordungen, die kompetente militärische Leiter außer Gefecht setzen. Dies kann natürlich auch in militärischen Auseinandersetzungen passieren. Der Effekt ist letztlich derselbe: die Befehlskette wird unterbrochen und die vormals in die Hierarchie integrierten Gruppen werden unabhängiger vom Rest des Verbandes. Wie man an dem Fallbeispiel sehen kann, spielt hier die Organisationsform des Verbandes eine Rolle. Bereits vorher nur lose kooperierende Koalitionen oder Netzwerkstrukturen wie beispielsweise die AMB sind hierfür viel anfälliger als etwa ein hierarchisch-bürokratischer Apparat, wie er bei der Hamas vorzufinden war.

Die Autonomisierung kleiner Gruppen führt aber ebenso wie der Verlust der Finanzbasis zu einer Lokalisierung der Herrschaftsstruktur. Diejenigen Aktivisten, die in die Leitungspositionen aufsteigen, beziehen ihre Identität stärker aus

---

6 *Dieser Begriff wurde von Volkov (2000: 173f) geprägt, der damit die Institutionalisierung eines Gewaltunternehmertums beschrieb. Exemplarisch an der russischen Mafia aufgezeigt, lässt sich dieses Phänomen generalisieren, da es auch bei bewaffneten Gruppen zu finden ist. In Vollzugspartnerschaften wird die Machtressource Gewalt dauerhaft in andere marktförmige Ressourcen transformiert, indem die Gewaltunternehmer die Einhaltung von Abmachungen und Eigentumsrechten im Geschäftsverkehr garantieren, wenn eine zentrale Kontrollinstanz nicht existiert oder diese Rolle nicht erfüllt.*

dem lokalen Raum, weil sie dort sozialisiert wurden und kaum Abhängigkeiten gegenüber dem Zentralverband aufweisen. Ungebunden und unerfahren wie sie sind, lassen sie sich leichter von lokalen Machthabern manipulieren und werden von ihnen kooptiert. Dieses Phänomen war sowohl in der Ersten wie auch in der Zweiten Intifada anzutreffen und ging mit dem ersten Mechanismus dieses Prozesses einher.

Eine andere Variante dieses Mechanismus ist die Radikalisierung einzelner Gruppen durch verschärfte Repression oder massive militärische Angriffe. Ist die Überlebenseinheit durch konstanten Angriffe oder Verfolgungsdruck in ihrer Gesamtheit gefährdet, dann radikalisiert sie sich (vgl. Waldmann 2001: 163-178). Die politischen Positionen werden extremer, und der Einsatz von Gewalt erfolgt häufiger. Verliert sie hierdurch an Legitimität gegenüber ihrer Unterstützergruppe in der Bevölkerung oder ihren Financiers, dann ist die ökonomische Reproduktion gefährdet.

Ein entscheidender Faktor für die Radikalisierung, so argumentiere ich, war in dem Fallbeispiel die Tatsache, dass die Gewaltorganisationen ihre Mitglieder hauptsächlich über persönliche Beziehungen aus dem Freundes- oder Verwandtenkreis rekrutierten. In Ländern außerhalb der OECD-Welt beruhen die sozialen Sicherungssysteme häufig immer noch auf Familien- und Clanbeziehungen. Hierüber werden die Mitglieder versorgt und das nötige Vertrauen hergestellt. Da Vertrauen bei der Ausübung von Gewalt eine große Rolle spielt, kann man davon ausgehen, dass sich die Mitglieder von Gewaltorganisationen generell häufig in einer engen Beziehung zueinander befinden – sei es aufgrund von Verwandtschaft, Freundschaft oder einer gemeinsamen Sozialisation.

Wird nun eine Person aus dem Verband ermordet, so ist das nicht einfach nur ein Grund, um eine neue Stelle auszuschreiben, sondern es gilt, dass das soziale Umfeld der Person Vergeltung für die Ermordung übt. Es wurde eine offene Rechnung erzeugt, die nun beglichen werden will. Die Dynamik der Gewalt ergibt sich aus der Tatsache, dass es sich damit auf der Gegenseite ebenso verhält. Die wechselseitigen Exekutionen von Mitgliedern von Hamas und Fatah während der Ersten Intifada können hierdurch erklärt werden. Auch als Arafat deren Aussetzung verlangte, wurden die Exekutionen von der Shabiba weiter fortgeführt. Eine Verbindung von Autonomisierung und Radikalisierung könnte der Schlüssel zu der Erklärung dieser Entwicklung sein.

Handelt es sich darüber hinaus noch um eine charismatische Führungsperson, dann wiegt dies umso schwerer. Als der einflussreiche Leiter, der „Ingenieur" der Hamas, von israelischen Sicherheitskräften 1996 ermordet wurde, gab es auch bei den sonst sehr disziplinierten Al-Qassam-Brigaden eine Verselbständigung und Radikalisierung einer untergeordneten Zelle, die kurz darauf sehr massive Anschläge in Israel durchführte. Ferner ist im Zusammenhang mit den AMB aus dem Jahr 2004 ein interessanter Fall dokumentiert, bei dem sich eine

Gruppe nach der Ermordung ihres Leiters an der Bevölkerung rächte, indem sie ihr in brutaler Manier einen Streik aufzwang (ICG 2004b: 23). Hierin zeigt sich sehr gut, wie die Reaktion der Radikalisierung auf erlittene Gewalt einen Rückzug der Wir-Identität auf die Gruppengrenze bewirkt. Da sich die Gewalt gegen die Bevölkerung richtete, musste sie jetzt der Außenmoral unterliegen. Die Gruppe hatte damit den Kontakt zu ihrer primären Bezugsgruppe verloren.

4. Die weltgesellschaftliche Einbettung des Konfliktes

> *„Distanz verringert die Gefahr, der Propaganda einer noch unbegriffenen Empirie des Augenblicks zu erliegen."*
>
> Diner 1980: 12

4.1. Kriegerische Gewalt in der Weltgesellschaft

Gerade ein politisch so umkämpfter Gegenstand wie der Palästinakonflikt muss mit der nötigen analytischen Distanz betrachtet werden, um einen klaren Blick zu gewinnen. Hierzu gehört vor allem, sich nicht von aktuellen Geschehnissen blenden zu lassen, sondern die darunter liegenden Beziehungsgeflechte in ihrer historischen Entstehung zu betrachten. Diese sprengen aber die nationalen Grenzen der Länder, anhand derer ein Beobachter häufig die Ereignisse festzumachen versucht. Auch im Fall von Palästina ist der nationale Blick nicht sehr dazu geeignet, zur Erhellung beizutragen. Der Aufstieg von Bewegungen, die sich an einer politischen Auslegung des Islams orientieren, lässt sich auch in vielen anderen Ländern beobachten. Prozesse der Staatsentstehung und des Staatszerfalls, wie sie im Fall der Autonomiebehörde stattfanden, gibt es in ähnlicher Weise auch anderswo, und sie werden in vielerlei Art und Weise von „internationalen" und „transnationalen" Einflüssen in ihrem Verlauf bestimmt.

Aber auch das Staatensystem ist nicht besonders dazu geeignet, den kartesianischen Punkt zu bilden, von dem aus die Analyse beginnen kann. Von hier kann methodisch bedauerlicherweise kein Zugang zu denjenigen Prozessen hergestellt werden, die innerhalb der Gesellschaften ablaufen (Siegelberg 1994: 170). Hinzu kommt, dass die Staaten, die dieses System bilden, selbst ein Produkt sozialer Strukturbildung sind. Nicht der Staat ordnet die sozialen Beziehungen, wie es häufig unterstellt wird, sondern es ist seine politische Struktur, die von sozialen Beziehungen durchdrungen, unterlaufen und überschattet wird (Schlichte 2005: 38). Die Entstehung des Staatensystems selbst ist in Prozesse der „longue durée" eingebettet, infolge derer sich die vormals unverbundenen sozialen Kontexte zu einer alles umfassenden Weltgesellschaft zusammengeschlossen haben.

Ein Ansatz, der versucht, kriegerische Gewalt auf ein weltgesellschaftliches Fundament zu stellen, um die Konfliktentstehung und -entwicklung zu erklären, liegt in Form des „Hamburger Ansatzes" bereits vor (Siegelberg 1994, Jung 1995, Schlichte 1996, Jung/Schlichte/Siegelberg 2003). Im Gegensatz zu utilitaristischen oder verhaltenswissenschaftlichen Erklärungen kriegerischer Gewalt berücksichtigt der Hamburger Ansatz die Gesellschaftlichkeit und Geschichtlichkeit seines Gegenstandes. In Anlehnung an Elias bildet der fundamentale *„Formwandel der Gewaltverhältnisse"* (Jung/Schlichte/Siegelberg 2003: 21) eine zentrale Entwicklungslinie, welche dem aktuellen Kriegsgeschehen unterliegt. Herbeigeführt wird dieser Formwandel durch die Entstehung souveräner Nationalstaaten, die in ihrem Inneren für eine Hegung der Gewalt sorgen.

Diese Hegung der Gewalt steht in Verbindung mit der Verbreitung kapitalistischer Vergesellschaftungsformen im Zuge der europäischen Expansion, welche den modernen Anstaltsstaat erst etablierte und als Norm weltweit durchsetzte (Schlichte 2005: 35-37). Dieser Staat bildet idealtypisch ein *„Monopol legitimen physischen Zwanges"* (Weber 2005: 39) und entzieht den sozialen Beziehungen in einem langen Prozess schrittweise die Verfügung über die Machtressource Gewalt, indem er sie in legitime Herrschaft überführt. Traditionale Formen der Gewaltkontrolle weichen so formal-rationalen Strukturen des Anstaltstaats. Diese Entwicklung hat sich jedoch nur in westlichen Gesellschaften weitgehend durchgesetzt, während sie sich im Rest der Welt ambivalent vollzieht und durch zahlreiche Ungleichzeitigkeiten gekennzeichnet ist.

Die ungleichzeitige kapitalistische Modernisierung der Welt bildet im Hamburger Ansatz *„die zentrale, dem Kriegsgeschehen in der Moderne unterliegende strukturelle Konfliktlinie"* (Jung/Schlichte/Siegelberg 2003: 28). Jene sorgt dafür, dass im Zuge der *„großen Transformation"* (Polanyi 2004) alle Bereiche des Lebens fundamental umgestürzt werden. Die Leitdifferenz des Ansatzes bilden so zwei Idealtypen (vgl. Weber 2005: 14f): die traditionale und die moderne Form der Vergesellschaftung. Auch wenn beide Zustände in der Reinform nicht aufzufinden sind, so dienen sie doch dazu, das Spannungsfeld der Modernisierung analytisch zu fassen. Diese statische Leitdifferenz wird im Hamburger Ansatz noch durch eine dynamischere, prozesssoziologische Perspektive ergänzt, die den Weg von der traditionalen Gesellschaft zu einer modernen Form der Vergesellschaftung als einen fundamentalen Wandel der Gesellschafts- und Persönlichkeitsstrukturen begreift. Dabei werden die drei Elementarfunktionen (Elias 1983), die jede Gesellschaftsform für ihr Überleben sichern muss, in umfassender Weise transformiert.

So werden erstens im Bereich der materiellen Reproduktion die auf Tausch beruhenden Wirtschaftsbeziehungen zu Marktbeziehungen. Diese sind nicht mehr an traditionale Moralvorstellungen geknüpft, sondern unterliegen dem Eigeninteresse. Die Ökonomie gewinnt an Eigenlogik und emanzipiert sich von anderen sozialen Kontexten. Zweitens wird die Gewaltkontrolle von Fehdesystemen und sozialer Kontrolle in bürgerliche Herrschaftsverhältnisse überführt, in denen die Gewalt anstaltsstaatlich monopolisiert und gehegt ist. Charismatische und traditionale Herrschaft weicht immer stärker formal-rationalen Legitimationsmustern, ohne aber vollständig zu verschwinden. Drittens werden im Zuge der Ausbreitung unpersönlicher Sozialbeziehungen die vom Mythos durchtränkten Weltbilder zunehmend rationalisiert und entzaubert. Die Mythen werden jedoch nicht vollständig verdrängt, sondern sind auch bei der Bildung abstrakter Gemeinschaften immer noch vorzufinden.

Ist dieser Prozess an sich schon konfliktgeladen, so wird er dadurch verschärft, dass meist ungleichzeitig modernisierte Elemente aufeinanderstoßen. Ungleichzeitigkeiten spielen gerade in den Ländern der ehemaligen Dritten Welt eine große Rolle, da sie anders als die europäischen Staaten in ihrer Entwicklung auf bereits etablierte Strukturen der internationalen Staatenwelt und des Weltmarktes trafen (Jung 1995: 186f). Während die europäischen Staaten den Weltmarkt durch eine Kapitalbildung erschufen, litten die erst später eingebundenen Landstriche meist unter einer Kapitalflucht, die eine Entstehung potenter nationaler Volkswirtschaften wie im europäischen Beispiel unmöglich machte. Zweitens kam es in vielen Ländern außerhalb der OECD zu einem kolonialen Übergriff, der zwar das europäische Herrschaftsmodell formal etablierte, ein entsprechendes Gewaltmonopol und eine bürokratisch abgesicherte Herrschaftsform jedoch nicht schaffen konnte. Zuletzt entsprechen auf dem Gebiet der symbolischen Reproduktion die herrschenden Identitäten häufig nicht derjenigen, die formal etablierte Staatlichkeit voraussetzt. Die Loyalitäten der Menschen orientieren sich so primär an anderen Gruppen wie etwa an Familien- oder Clanverbänden.

Im Zusammenspiel der Entwicklungen aller drei Sphären entsteht letztlich die wichtigste Spannung zwischen den ersten beiden Elementen und der symbolischen Reproduktion, die immer den anderen Strukturen hinterherhinkt, da sie an den trägen Habitus[7] der Menschen gebunden ist (Jung 1995: 190). So sind es letztlich zwei Widersprüche, die den zweiten Konflikttypus zum vorherrschenden in der Weltgeschichte nach 1945 machen (Jung 1995: 198). Die an der Gemeinschaft orientierten Sozialbeziehungen werden durch Tauschbeziehungen ersetzt, die aber das Herrschaftssystem der persönlichen Abhängigkeiten zum Wanken bringen. Traditional legitimierte Herrschaft wird so radikal in Frage gestellt. Zweitens konnte die weltweit aufgezwungene und als Norm etablierte Staatlichkeit in vielen Ländern der ehemaligen Dritten Welt noch nicht mit Leben gefüllt werden. Hybride Strukturen aus traditionalen und modernen Elementen lassen verschiedene Logiken aufeinanderprallen, und die Konsolidierung der vorausgesetzten Staatlichkeit steht noch aus. Dieses Gewalt verursachende Problem der Herrschaftsbildung ist eine weitere zentrale These des Hamburger Ansatzes:

> Die sich verallgemeinernde Gültigkeit des territorial verfassten Nationalstaats als politische Norm, als Adressat der internationalen Politik, die zentrale Rolle des Staates als Distributionsort von Ressourcen und die Heterogenität der Übergangsgesell-

---

7 *Wahrnehmungs-, Denk- und Handlungsschemata einer Person werden als Habitus bezeichnet, welchen die Person mit anderen Individuen im gleichen Milieu teilt (vgl. Schwingel 1995: 64-69). Der Habitus entspricht so häufig den sozialen Feldern, in denen er sich bewegt. Aufgrund seiner Trägheit hinkt der Habitus aber vor allem in Zeiten rapiden Wandels den Entwicklungen in den sozialen Feldern hinterher (Bourdieu/Wacquant 2006: 164).*

schaften haben Prozesse um die Konsolidierung vorausgesetzter Staatlichkeit transregional zum dominanten Kriegstyp nach 1945 werden lassen (Schlichte 2005: 148).

Die Integration Palästinas in den Weltmarkt, die Verstaatlichung der Region des Nahen Ostens und die fortschreitende Verbreitung kapitalistischer Normen bilden als historische Prozesse den Hintergrund, vor dem sich die Szenerie des innerpalästinensischen Konfliktes entfaltet. Versteht man den Konflikt im Sinne des Hamburger Ansatzes, so ist dieser untrennbar mit dem Palästinakonflikt verbunden. Beides sind kriegerische Konflikte, die sich aus der spannungsgeladenen Staatsbildung im Nahen Osten ergeben (vgl. Jung 2000: 26).

Entsprechend den anderen Entwicklungspfaden der Staatsbildung in der ehemaligen Dritten Welt wird jene sowohl von innen wie auch von außen beeinflusst. Internationale Agenturen und potente OECD-Staaten stellen wichtige Geldgeber dar, deren Entwicklungshilfezahlungen häufig einen Großteil des staatlichen Finanzhaushalts darstellen und damit der Herrschaftssicherung dienen (Schlichte 2005: 59f). Neben der inneren Legitimität ist damit auch eine Legitimität nach außen vonnöten, um weiter in den Genuss dieser Renten zu kommen. Entscheidend ist letztlich für viele Staaten und Gruppen die Verfügung über die *„Ressource Weltöffentlichkeit"* (Scheffler 2002: 223). Im Fall der Autonomiebehörde fanden ebenso soziale Aushandlungsprozesse stärker auf zwischenstaatlicher Ebene, als innerhalb der Autonomiegebiete statt, da finanzielle Verantwortlichkeiten hauptsächlich gegenüber internationalen Geldgebern bestehen (vgl. Jung 2000: 27).

Gerade wenn der Staatsverband aufgrund mangelnder Kapazitäten nicht dazu in der Lage ist, in der Bevölkerung effektiv Steuern zu extrahieren, wird diese Form der Finanzierung überlebensnotwendig. Hieraus erwächst ein zweifaches Dilemma, da einerseits stets auf die Diskurse der Weltöffentlichkeit reagiert werden muss und andererseits die Legitimität nach innen aber auch nicht vernachlässigt werden darf. Im Innern konnte die Autonomiebehörde aber viel eher mit Repression reagieren, da eine finanzielle Rechenschaft gegenüber der Bevölkerung nicht existierte, die eine *„Vergesellschaftung des Staates"* (Siegelberg 2000: 30) hätte einleiten können. Durch die vielseitigen Legitimitätsprobleme der nicht erreichten Staatlichkeit passt auch der innerpalästinensische Konflikt in den Analyserahmen des Hamburger Ansatzes.

Operationalisiert und handhabbar gemacht werden die konfliktursächlichen Ungleichzeitigkeiten über die Stufen[8] Widerspruch, Krise, Konflikt und Krieg der *„Grammatik des Krieges"* (Siegelberg 1994: 179-193; Jung 1995: 208-252; Schlichte 1996: 55-59, 205-210). Entsprechende Konfliktursachen werden kausal aus dem weltgesellschaftlichen Fundament hergeleitet. Objektiv bestimmbare Ungleichzeitigkeiten bilden so einen Widerspruch, der zu einem Konflikt

---

8 *Hier handelt es sich nicht um zeitlich klar definierbare Eskalationsschritte, sondern um qualitative Unterschiede, die idealtypischen Charakter haben.*

werden kann. Ob dies geschieht, entscheiden die Subjekte, wenn sie den Widerspruch auf der Stufe der Krise als einen solchen wahrnehmen. Jene Ungleichzeitigkeiten determinieren damit in keiner Weise das Geschehen, sondern die subjektive Wahrnehmung ist entscheidend. Es müssen somit nicht nur die Ungleichzeitigkeiten herausgearbeitet werden, sondern es bedarf auch der subjektiven Sicht der Akteure in Form von Verbaläußerungen oder Streitschriften, um die Krise zu verstehen.

Verschärft sich die Krise, so werden auf der nächsten Stufe konfliktfähige Gruppen gebildet. Neue Symboliken werden geschaffen, um der Krise Ausdruck zu verleihen und politische Forderungen zu stellen. Die Bewaffnung stellt den Endpunkt dieses Prozesses dar. Auf der Ebene des Konfliktes muss herausgearbeitet werden, wie einerseits konfliktfähige Gruppen gebildet und andererseits der psychosoziale Wandel zur Gewalteskalation eingeleitet wurde. Während ersteres die Gewaltorganisation betrifft, so diente letzterer der Überwindung von entsprechenden Zivilisationsschranken, die die Gewalt im Alltag begrenzen. Hier können bereits Übergriffe stattfinden, um aber auf die Stufe des Krieges zu wechseln, müssen die Zivilisationsschranken letztlich in Form eines *„Dammbruchs"* (Jung 1995: 239) überwunden werden. Im Krieg selbst löst sich die geschaffene Gewalt letztlich von ihren Ursprungsursachen ab und verselbständigt sich. Sie wird zu einem Selbstzweck.

Im Folgenden wird anhand dieses Konzeptes der innerpalästinensische Konflikt hergeleitet, indem zuerst die objektiven Faktoren isoliert und daraufhin mit der Binnenperspektive der Akteure verknüpft werden. Ersteres wird in die drei Elementarfunktionen aufgeschlüsselt und strukturgeschichtlich dargestellt. Daraufhin kann anhand der herausgearbeiteten Prozesse der Übergang vom Palästinakonflikt zum innerpalästinensischen Konflikt aufgezeigt werden.

4.2. Einbindung in den Weltmarkt

Blickt man auf die Anfänge der wirtschaftlichen Vernetzung, so ist die spätere Einbindung Palästinas in den Weltmarkt in der untergeordneten Stellung einer Rohstoffexportökonomie zuerst unverständlich. Das Osmanische Reich, welches auch Palästina einschloss, hatte im 16. Jahrhundert alle wichtigen Länder Arabiens erobert und gelangte durch die Kontrolle der Handelswege zwischen Europa und Asien zur wirtschaftlichen Blüte und unermesslicher politischer Macht (Diner 2007: 154). Paradoxerweise war es gerade diese Stärke, die zu seinem Niedergang beitragen sollte, da die entstehenden europäischen Mächte durch die hohen Abgaben sehr dazu ermuntert wurden, alternative Handelswege zu erschließen. Die europäische Expansion richtete sich zuerst gen Westen, da die Märkte im Osten durch politische Entitäten wie das Osmanische Reich bereits vermachtet waren (vgl. Osterhammel/Peterson 2006: 37).

Das Osmanische Reich war zunächst stark genug, um das eigene Territorium zu verteidigen und wurde in das europäische Mächtekonzert eingebunden. So geschah seine Integration in den Weltmarkt nicht wie in anderen Fällen durch eine koloniale Inwertsetzung, sondern auf indirektem Wege. Die wirtschaftliche Potenz des europäischen Merkantilismus konnte sich im Osmanischen Reich aber deswegen voll entfalten, weil es den eigenen Markt nicht geschützt hatte. Der Sultan gewährte ausländischen Kaufleuten Handelsprivilegien, um den Handel anzukurbeln. Ab der Mitte des 18. Jahrhunderts wurden hieraus jedoch „ungleiche Vertragsbeziehungen zur europäischen Durchdringung des Vorderen Orients" (Diner 2007: 164). Günstige Massenprodukte europäischer Herkunft überschwemmten den Markt und behinderten eine eigenständige Wirtschaftsentwicklung.

Ebenso blockierte der bürokratische Zentralstaat des Osmanischen Reiches eine eigenständige Entwicklung wie in Europa. Die strenge geistliche und bürokratische Kontrolle des Wirtschaftslebens unterdrückte protoindustrielle Wirtschaftsformen und verhinderte die Entstehung einer eigenständigen Bourgeoisie (Diner 2007: 185). Die dem Gemeinwesen zugrundeliegende Brüderlichkeitsethik zeigte sich gerade auch in der starken Rolle islamischer Institutionen und einer Wirtschaftsorientierung, die nicht auf Profitmaximierung, sondern auf die fürsorgliche Versorgung aller Untertanen hinauslief (Diner 2007: 170). Gilden und Zünfte wurden von religiösen Institutionen überwacht, welche die den sozialen Frieden gefährdende Konkurrenz unterbanden (Diner 2007: 177). Ein Verlagssystem wie in Europa konnte sich bei einer solch rigiden Kontrolle nicht entwickeln. Die Preiskontrollen aber ließen den Schmuggel aufblühen und sorgten für einen konstanten Währungsabfluss. Dies brachte die osmanische Wirtschaft derart in Bedrängnis, dass sie im Jahr 1875 Bankrott anmelden musste (Schölch 1986: 12f). Die europäischen Großmächte stützten das Osmanische Reich, unterstellten es aber fortan der Kontrolle einer Finanzinstitution.

Als Reaktion auf die beginnende Krise begann das Osmanische Reich bereits Mitte des 19. Jahrhunderts mit den Tanzimatreformen, die eine Modernisierung nach dem europäischen Vorbild zum Ziel hatten (Badie 2000: 94). Diese Reformen griffen zum ersten Mal in der Geschichte der Region in massiver Weise in die lokalen Sozial-, Wirtschafts- und Herrschaftsstrukturen ein und integrierten die Region des fruchtbaren Halbmonds als Rohstoffexportökonomie in den Weltmarkt (Krämer 2002: 70-108). Die Infrastruktur im Land wurde verbessert und regelmäßige Dampfschifffahrtsverbindungen sowie der Anschluss an das internationale Eisenbahnnetz verbanden die Region immer enger mit Europa. Exportiert wurden vor allem Zitrusfrüchte, deren Anbau in Plantagen durch eine Bodenreform ermöglicht wurde.

Die Bodenreform sorgte in Verbindung mit einer erhöhten Steuerlast der Landbevölkerung für eine Konzentration von Grundbesitz in den Händen weniger reicher Plantagenbesitzer. Die Bauern, die dem Teufelskreis der Verschuldung nicht entkommen konnten, verkauften ihr Land und verstärkten das wachsende Proletariat in den Städten (Kimmerling/Migdal 2003: 19; Krämer 2002: 105f). Doch im Unterschied zu europäischen Entwicklungen blieben viele urbane Arbeiter und auf dem Land verbliebene Bauern zunächst von der vollständigen Verarmung verschont, da sie über Solidaritätsnetzwerke finanziell aneinander gebunden blieben (Kimmerling/Migdal 2003: 54). Die regionale Sozialstruktur, die noch traditionell in urbane Händler, das pastorales Nomadentum und die Bewässerungslandwirtschaft aufgeteilt war, wurde so nur langsam aufgebrochen. Familienverbände und patrilineare Clans sorgten noch für ökonomische und symbolische Reproduktion, so wie sie auch bei Streitigkeiten schlichteten und vermittelten (Krämer 2002: 61-69).

Die Verdrängung der Bauern durch den Großgrundbesitz war zunächst eine rein arabische Entwicklung, die jüdischen Landkäufe spielten zunächst keine prominente Rolle (Krämer 2002: 122). Dies änderte sich jedoch mit dem beginnenden 20. Jahrhundert, als das zionistische Projekt der Wiederansiedlung langsam an Konturen gewann. Die jüdischen Landkäufe waren deswegen politisch so folgenreich, weil sie gleichzeitig eine Verdrängung und Exklusion der arabischen Bevölkerung nach sich zog. Während der Boden zuvor frei zum Kauf verfügbar war, nahmen die jüdischen Kolonisten diesem Boden wieder seinen Warencharakter (Diner 1980: 27). Es wurde ein zu hoher und damit politischer Preis für den Boden bezahlt und der Besitz nachträglich durch ein Wiederverkaufsverbot abgesichert. Damit bildete sich ein klar erkennbarer jüdischer Wirtschaftssektor, der durch Innovationen aus Europa an wirtschaftlicher Dynamik gewann (Krämer 2002: 111).

Dieser wirtschaftliche Vorsprung wurde nach der Ausrufung des israelischen Staates 1948 weiter ausgebaut, während die palästinensischen Gebiete jenseits der Grenzen eher stagnierten (vgl. Herz 2003: 73). Im Westjordanland wurde unter jordanischer Herrschaft kaum investiert und die traditionelle Selbstversorgung im Familienverband bildete das Rückgrat der dortigen Wirtschaft. Im Gazastreifen lebten demgegenüber zum Großteil Flüchtlinge, und die dortige Bevölkerung hatte ihren Grundbesitz zumeist eingebüßt, sodass beide Gruppen von der „United Nations Relief and Works Agency" (UNRWA) versorgt werden mussten. Unter der dortigen ägyptischen Verwaltung blieben ebenso entsprechende Investitionen aus. Überweisungen von Exilanten aus den Golfstaaten bildeten das Rückgrat der Ökonomie in Gaza (Kimmerling/Migdal 2003: 231). Mit einer Urbanisierungsrate von 80 Prozent im Jahr 1967 war die Proletarisierung ehemaliger Landbewohner im Gazastreifen stark vorangeschritten und zeigte einen massiven sozialen Wandel an (Kimmerling/Migdal 2003: 228).

Nachdem die beiden Gebiete 1967 von Israel besetzt wurden, verfolgte die israelische Militärverwaltung eine gespaltene Politik der begrenzten Wirtschaftsförderung, die aber auf eine höhere Abhängigkeit der Gebiete von Israel hinauslaufen sollte. Handelsgüter mussten nun durch Israel geleitet werden, palästinensische Finanzinstitute wurden geschlossen und die Infrastruktur an Israel angeschlossen (Herz 2003: 75). Die Unterschiede in der Wirtschaftsentwicklung, die mit der Schaffung eines eigenen zionistischen Wirtschaftssektors entstanden waren, verschärften sich weiter. Die Herausbildung einer eigenständigen „nationalen" Volkswirtschaft wurde im Rahmen der Besatzungspolitik gezielt verhindert.

Dennoch stieg der Lebensstandard zunächst an und blieb bis in die frühen 1980er Jahre weitgehend gleich, da die israelische Wirtschaft und diejenige der Golfstaaten zahlreiche Arbeitsmöglichkeiten für palästinensische Arbeiter boten (Herz 2003: 75). Dies hatte auch starke Auswirkungen auf die Sozialstruktur, die sich aber im Westjordanland anders zeigten als im Gazastreifen (Flores 1989: 28-30). Auch wenn viele Notabeln im Gazastreifen durch die Ereignisse von 1948 an Macht verloren hatten, konnten sie die alten Strukturen in den Flüchtlingslagern später über Patronagesysteme wieder herstellen (Brynen 1995: 33). Die traditionalen Herrschaftsstrukturen blieben so trotz des massiven sozialen Wandels erhalten. Im Westjordanland hingegen wurde die bäuerliche Bevölkerung teilweise freigesetzt und war nicht mehr auf das Wohlwollen der örtlichen Notabeln angewiesen. So wurden letztere immer stärker von den aufstrebenden Mittelschichten verdrängt, die sich in den 1950er und 1960er Jahren als akademisch gebildete Professionelle in den Städten etablierten.

Ende der 1980er Jahre endeten aber die Zeiten des Ölbooms und die demographisch sehr junge palästinensische Gesellschaft (70 Prozent der Palästinenser waren unter 30 Jahren) war zunehmend von einer schlechten Perspektive und einer hohen Arbeitslosigkeit bedroht. Da das Mehreinkommen in den Besetzten Gebieten nicht investiert, sondern hauptsächlich konsumiert wurde, konnten sich in der agrarisch geprägten Wirtschaft lediglich der Bausektor und der Handel entwickeln (Flores 1989: 26f). Diese schlechte wirtschaftliche Lage verband sich mit der massiven israelischen Repression und führte Ende der 1980er Jahre zum Ausbruch der Intifada, welche verheerende wirtschaftliche Folgen hatte. Die Arbeitslosenquote betrug 1990 etwa 50 Prozent (Herz 2003: 87).

Diese Stagnation setzte sich auch trotz massiver internationaler wirtschaftlicher Hilfe nach der Einsetzung der Autonomiebehörde weiter fort, und die Bevölkerung außerhalb der schützenden Klientelstrukturen der Fatah wurde von steigenden Arbeitslosigkeitsraten, einer sinkenden Kaufkraft und einer allgemeinen Wirtschaftskrise erfasst (Jung 2000: 25). Etwa zwei Drittel der Palästinenser befanden sich unterhalb der Armutsgrenze und überlebten nur dank der Unterstützung seitens der UNRWA und lokaler Sozialfürsorgeeinrichtungen (Knudsen 2004: 13). Im Zuge der Zweiten Intifada erfolgte 2002 eine umfassende Zerstörung der Infrastruktur der Autonomiebehörde durch eine israelische Militäroffensive.

4.3. Wandel der Herrschaftsstrukturen

Im Jahr 1516 wurde mit der Eroberung des Gebiets des heutigen Palästina durch die Osmanen eine dauerhafte Herrschaftsordnung geschaffen, die mit kleinen Unterbrechungen bis zur Auflösung des Osmanischen Reiches 1918 stabil bleiben sollte. Bis zu dem Beginn der Tanzimatreformen blieb die Region jedoch ein gefährlicher Landstrich, und die Steuereintreibung musste mit Hilfe von bewaffneten Eskorten durchgeführt werden. In den Jahren der Tanzimatreformen (1839-1878) wurden Zensus, Wehrpflicht, die direkte Steuereinziehung und neue Verwaltungsstrukturen eingeführt (Krämer 2002: 90-94). Auch das unruhige Hügelland wurde weitgehend befriedet und der Verwaltungsapparat in der ganzen Region mit zivilem Personal bestückt, ausgebaut und professionalisiert. Dieser Staatsbildungsprozess orientierte sich an den europäischen Vorbildern und versuchte eine generelle Modernisierung von Gesellschaft und Wirtschaft voranzutreiben (Badie 2000: 94). Die Verwaltung intervenierte nun auch in den neuen Feldern der Gesundheit und der Schulbildung und zeigte generell eine höhere Präsenz durch Regierungsgebäude wie Postämter, Bahnhöfe, Schulen, Krankenhäuser und Gefängnisse. Staatlichkeit als Ordnungsprinzip wurde somit sichtbar und wirksam.

Die Tanzimatreformen zeigten bereits den wachsenden Anpassungsdruck an, den die potenten europäischen Mächte auf das Osmanische Reich ausübten. Erkennbar war eine schleichende Internationalisierung der Herrschaft, die das „Ancien Regime" der alten Handelswelt schrittweise der Dominanz Europas unterordnete. Bereits früh konnten europäische Mächte über das Millet-System ihren Einfluss auf die Region des fruchtbaren Halbmonds ausweiten, das für die religiösen Minderheiten spezielle Rechte und eigenständige Vertretungen garantierte (Schölch 1986: 46-49). Ein Interesse an Palästina bestand vor allem dadurch, weil das „Heilige Land" in den europäischen Vorstellungswelten sehr präsent war und es überall auf dem Kontinent politisch-religiöse Forderungen der Wiedergewinnung gab.

Frankreich und Russland waren hier in privilegierter Position, da katholische und christlich-orthodoxe Minderheiten bereits vorhanden waren. Die protestantischen Mächte Großbritannien und Preußen mussten diese aber erst schaffen, was auf eine Ansiedlung von Protestanten und die Unterstützung der ansässigen Juden hinauslief. Aus dieser Konstellation ging die enge Verbindung zwischen dem britischen Imperium und den Juden hervor, die später in der Mandatszeit entscheidend werden sollte (Schölch 1986: 49). Neben diesem Engagement nahmen die Großmächte vor allem über ihre diplomatischen Vertretungen, den

Handel und das im vorigen Kapitel erwähnte System der Kapitulationen Einfluss auf die Geschehnisse im Osmanischen Reich (Krämer 2002: 167).

Folgenschwer war der Kriegseintritt der Osmanen auf der Seite des Deutschen Reiches, da sie hierdurch die langjährige Protektion Großbritanniens verloren. Bis dahin war die Außenpolitik Großbritanniens dem Osmanischen Reich gewogen, da es im „Great Game" ein Partner zur Begrenzung der imperialen Bestrebungen Russlands war (Diner 2007: 75). Das osmanische Reich ereilte nun das gleiche Schicksal wie das Vielvölkerreich der Habsburger – es wurde aufgeteilt. Während aber die Türkei als Staat formal unabhängig wurde, weiteten die Kolonialmächte Frankreich und Großbritannien im Rahmen der Mandatierung ihren direkten Einfluss auf den Nahen Osten aus. Da durch sie die heutigen Grenzen erst gezogen wurden, spielten beide eine große Rolle für die Staatsbildungsprozesse im Nahen Osten (Jung 2000: 10). Damit wurde nach dem Ersten Weltkrieg direkt das Prinzip des Nationalstaats als politische Norm festgeschrieben (Krämer 2002: 185).

Der britische Zugriff erfolgte in der historischen Phase des Imperialismus und hatte vorwiegend die Absicherung der ostindischen Kolonien im Blick. Die geostrategische Bedeutung Palästinas stand somit im Gegensatz zu einer ökonomischen Inwertsetzung des Landes im Vordergrund. Bereits etablierte Reformprojekte wurden weitergeführt, eine radikale Umstrukturierung der Wirtschafts- oder Gesellschaftsordnung blieb aber aus (Jung 1995: 189). Ein Problem erwarb die Mandatsmacht durch die Okkupation in Form der „doppelten Verpflichtung", da sie im Vorfeld sowohl den Arabern als auch den Juden politische Zugeständnisse gemacht hatte, die in Spannung zueinander standen. Obwohl die Mandatsmacht nicht frei von Vorurteilen gegenüber den Juden war, fördert sie zunächst die zionistische Bestrebungen, während sie die arabischen Bemühungen bremste (Krämer 2002: 202f).

Der Jüdische Nationalfond hatte bereits ab 1910 damit begonnen, in großem Stil Land für den Bau jüdischer Siedlungen aufzukaufen. Der Exklusionscharakter dieser Landkäufe hatte schon um die Jahrhundertwende zu ersten Spannungen geführt (Krämer 2002: 138; Kimmerling/Migdal 2003: 25). Eine Ungleichzeitigkeit bestand vor allem darin, dass dem modernisierten Bodenrecht keine moderne arabische Herrschaftsform gegenüberstand, die als „Penetrationsbarriere" (Diner 1980: 28) hätte wirken können. Im Gegensatz zu den arabischen Großgrundbesitzern, die vorher den Boden aufkauften, wurden die Zionisten darüber hinaus als kulturell fremd wahrgenommen. Der politische Charakter des Unternehmens wurde vollends deutlich, als die zionistische Nationalbewegung im Jahr 1918 zum ersten Mal durch Paraden und eine Nationalkonferenz ihre Macht demonstrierte (Kimmerling/Migdal 2003: 80).

Bereits vor der britischen Mandatszeit hatten die Zionisten ein eigenes Staatsbildungsprojekt vorangetrieben. Zwischen 1905 und 1914 wurden der Vorgänger der zionistischen Armee, die jüdische Wächter-/Schutzvereinigung, sozialistische Parteien, die Gewerkschaft Histadrut, eine Krankenkasse, Amtsgerichte und eine technische Hochschule gegründet (Krämer 2002: 138-43). Aus Europa importierte Verhaltens- und Organisationsformen halfen dabei, den Staatsaufbau schnell und effektiv zu gestalten. Die Mandatsmacht erleichterte dies zusätzlich, indem sie umfangreiche Autonomieregelungen für jüdische Institutionen erließ. Die Araber gründeten als Gegenreaktion eine von Jerusalemer Notabeln dominierte Nationalbewegung und hielten im Jahr 1919 das erste Mal ihre Nationalkonferenz ab. Sie waren jedoch nicht annähernd so gut organisiert wie die Zionisten und ihre fragile Basis wurde in der arabischen Rebellion 1936-39 zerstört, als die britischen Sicherheitskräfte den Aufstand gewaltsam niederschlugen (Kimmerling/Migdal 2003: 125).

So war es kein Wunder, dass die Zionisten zu Ende des zweiten Weltkrieges mit ihrem Projekt der Staatsgründung schneller und erfolgreicher vorankamen als die Palästinenser. Wie überall sonst auf der Welt konnte die zionistische Nationalbewegung erst nach dem Zweiten Weltkrieg das Joch der Kolonialherrschaft abwerfen, da einerseits die britische Bevölkerung den kostenintensiven kolonialen Projekten nun kritischer gegenüber stand und andererseits die USA als neue liberale Hegemonialmacht die alten Kolonialmächte in ihre Schranken verwies (Jung/Schlichte/Siegelberg 2003: 63). Mit der israelischen Unabhängigkeitserklärung folgte der Angriff der umliegenden arabischen Staaten, die bis zum endgültigen Waffenstillstand 1949 die heutigen Autonomiegebiete besetzten. Wie auch in anderen Fällen der Staatsbildung plante die zionistische Führung, einen homogenen israelischen Nationalstaat durch die Vertreibung bestimmter Bevölkerungsteile zu schaffen (vgl. Pappé 2004: 130).

Während der Sieg über die arabischen Streitkräfte das israelische Staatsbildungsprojekt absicherte, wurde eine arabisch-palästinensische Staatsbildung dadurch blockiert, dass sich der Palästinakonflikt zum Nahostkonflikt internationalisierte. Zu Anfang war die palästinensische Frage noch stark mit der Dekolonisierung verbunden, im Zuge derer sich das Los der Palästinenser mit der arabischen Staatsbildung und Loslösung vom westlichen Einfluss verband (Diner 1980: 234). Die arabischen Staaten etwa nutzten die palästinensische Flüchtlingsfrage als Propaganda, um ihre machtpolitischen Interessen durchzusetzen. Im beginnenden Kalten Krieg entstand der Nahostkonflikt aus einer Unterstützung Israels durch die USA und einer komplementären Alimentierung der arabischen Staaten durch die Sowjetunion. Die bipolare Konstellation etablierte somit ein regionales Klientelsystem, welches die Staaten so weit aufrüstete, dass sie verlustreiche Kriege gegeneinander führen konnten (Jung 2000: 11). Da diese Kriege aber mit der palästinensischen Frage verbunden und legitimiert wurden, hatte die arabische Niederlage im Sechstagekrieg von 1967 den Niedergang der panarabischen Bewegung zur Folge. Die Schwäche der arabischen Staaten sorgte für den Aufstieg der „Palestine Liberation Organisation" (PLO) als palästinensische Nationalbewegung, die selbst nicht mehr eine panarabische, sondern eine rein palästinensische Staatsbildung befürwortete.

Aber erst mit dem Niedergang der Sowjetunion und der Veränderung des Klientelsystems war ein Friedensprozess möglich, der zu der Entstehung der palästinensischen Autonomiebehörde führen sollte (Jung 2000: 15). Die Kooperation der arabischen Staaten im Friedensprozess war sehr stark von ihrem Interesse abhängig, eine Kontinuität der Zahlung politisch motivierter Renten aus den USA zu sichern. Diese befürworteten eine palästinensische Staatsbildung, um die Lösung des Palästinakonfliktes voranzutreiben. Die PLO wurde für ihre Teilnahme am Friedensprozess mit 2,5 Milliarden US-Dollar (1994-1998) belohnt, was sie bitter nötig hatte, nachdem sie 1991 ihren Rückhalt in den Golfstaaten und zuvor den der Sowjetunion verloren hatte (Herz 2003: 85).

In der ganzen Region konnte sich die Staatlichkeit jedoch nicht komplett durchsetzen, und die meisten Staaten wurden wiederholt von inneren Konflikten heimgesucht (Jung 2000: 23). Dies zeigte sich auch in der beginnenden palästinensischen Staatsbildung, die dadurch erschwert wurde, dass die Integrationskraft des palästinensischen Nationalismus begrenzt blieb und die Palästinenser regional und ideologisch in unterschiedliche Fraktionen aufgesplittert waren. Wie auch andere Staaten der Region hatte die palästinensische Autonomiebehörde mit einem Mangel an Legitimität und den Problemen zu kämpfen, die aus der fragilen Staatlichkeit und dem rapiden sozialen Wandel in den Autonomiegebieten entstanden waren. Darüber hinaus wurde die Rolle der Behörde durch die karitativen Einrichtungen der Hamas und den staatsähnlichen Dienstleistungen der UNRWA in Frage gestellt, die sich vorrangig um die Flüchtlinge kümmerte (Al-Husseini 2000).

Die formale Staatlichkeit in den Autonomiegebieten konnte sich so zwar etablieren, sie wurde allerdings durch die internationale Herrschaftsbildung und die Monopolbildungsprozesse der bewaffneten Gruppen von Hamas und Fatah begrenzt. Zusätzlich wurden die formalen Institutionen durch ihre fast vollständige Zerstörung im Jahr 2002 stark geschwächt. Die hohe Abhängigkeit der Gebiete von Israel zeigte dessen ungebrochene Herrschaft an, die einer Staatsbildung weiterhin im Wege stand. Die Anzahl israelischer Siedlungen stieg zwischen 1993 und 2000 um 53 Prozent, und deren Zusammenschluss zu einem Netzwerk aus abgeschotteten Straßen und Militärcheckpoints hat die israelische Kontrolle in den Autonomiegebieten de facto ausgeweitet (Usher 2003: 22). Nach 1994 wich die direkte Überwachung der Bevölkerung aber einer Kontrolle der Bewegungen von Waren und Personen. Über ein System an Zugangspässen wurden unterschiedliche Kategorien von Palästinensern geschaffen, wobei die Einteilung von Personen den israelischen Sicherheitsbehörden oblag (Bucaille 2004: 85). Gleichzeitig fing Israel an, Druck auf die PA auszuüben und verwendete sie als Hebel, um bewaffnete Gruppen in den Besetzten Gebieten zu bekämpfen.

In den Gebieten selbst wurde die Herrschaft Israels vor 1987 intermediär[9] über die Kollaboration lokaler Notabeln und Verwendung von Informanten hergestellt. Die Intifada brach dieses System auf, die alten Strukturen wurden jedoch mit dem Aufbau der PA wiederhergestellt. Politische Loyalitäten und Identitäten wurden so immer noch hauptsächlich an der Basis gebildet (Bucaille 2004: 69). Vor allem die zum Teil 10.000 Mitglieder umfassenden Großgruppen der Clans integrierten die Aktivisten und sorgten etwa für die Mobilisierung während der Ersten Intifada (Brynen 1995: 35). Lokale Arme der politischen Bewegungen wurden faktisch durch Clanstrukturen gebildet, die sich an eine der Fraktionen angegliedert hatten. Die politischen Fraktionen bildeten „Superfamilien", deren Grenzen traditionelle Clanstrukturen durchschnitten oder mit ihnen überlappten und die jeweils eigenständige Überlebenseinheiten darstellten (vgl. Hass 2003: 67-72).

Als im Verlauf der Zweiten Intifada alle bewaffneten Gruppen im Zuge der Kämpfe von Auflösungserscheinungen geprägt wurden und hierdurch ein Machtvakuum entstand, konnten traditionelle Clanstrukturen ihre Dominanz ausbauen und übernahmen wieder stärker eigenständig die Funktionen der Reproduktion und der Gewaltkontrolle (Hass 2003: 62-66). Durch den akuten sozialen Wandel und die allgemeine Perspektivlosigkeit waren diese traditionellen Strukturen jedoch nur teilweise dazu in der Lage, unzufriedene Jugendliche zu integrieren, wodurch sich viele den unterschiedlichen Milizen anschlossen (Johannsen 2006: 219).

4.4. Erschütterung der symbolischen Welten

Im Zuge der kapitalistischen Modernisierung wird neben den anderen Elementarfunktionen auch die symbolische Reproduktion erschüttert, da die Menschen aus traditionalen Bindungen herausgelöst und in ein immer größer werdendes Netz an unpersönlichen Sozialbeziehungen eingewoben werden (vgl. Jung 1995: 187). Die traditionale Vergemeinschaftungsform, welche durch Interaktion hergestellt wurde, weicht einer unpersönlicheren Gemeinschaft, die hauptsächlich auf Imagination beruht. Anstatt etwa einer Dorfgemeinschaft ist es nun eine abstrakte *„vorgestellte Gemeinschaft"* (Anderson 1996: 15), die für die Sozialintegration sorgt. Entsprechend beginnt die Herausbildung eines palästi-

---

9   *In einer intermediären Herrschaft ist der Herrschende auf die Kollaboration lokaler Machthaber, der Intermediäre, angewiesen, die sich Privilegien und den Zugriff auf Ressourcen versprechen. Der Vorteil dieser Herrschaftsausübung liegt darin, dass auf bereits vorhandene Legitimitäten zurückgegriffen werden kann. Ist die Zentralgewalt jedoch schwach und verfügt nicht über ausreichende Ressourcen, so kann sich die Intermediäre Herrschaft in eine „Herrschaft der Intermediäre" (Schlichte 2005: 239) umwandeln, da lokale Akteure anfangen, eigene Ressourcenzuflüsse zu schaffen.*

nensischen Nationalismus nicht erst im 20. Jahrhundert, sondern mit der Integration in den Weltmarkt im 19. Jahrhundert, der den Prozess in Gang setzt. Durch die hohe Besteuerung und die Bodenreform wurden viele Bauern von ihren Ländereien in die Städte getrieben. Die Proletarisierung vollzog sich jedoch nicht so rapide wie in Europa, da Entfremdung und Verarmung über weiter bestehende Solidaritätsnetzwerke eingeschränkt wurden, die Stadt und Land miteinander verbanden (Kimmerling/Migdal 2003: 54).

Der palästinensische Nationalismus formierte sich aber hauptsächlich erst im 20. Jahrhundert als eine Gegenbewegung zum Zionismus. Damit definierte er sich stärker als andere Nationalismen über ein einigendes Feindbild und weniger über eine Definition dessen, was die „vorstellte Gemeinschaft" vereint. Das Andere wurde bestimmt, ohne das Eigene zu benennen. Da die Staatsbildung bis heute unerreicht blieb, fehlten entsprechende zentrale Institutionen wie Schulen und Gerichte, um einen spezifischen Nationalcharakter zu erschaffen und abzusichern (Kimmerling/Migdal 2003: 399). Die Definition der Wir-Identität bildet bis heute die Grundlage für innerpalästinensische Konflikte, worin verschiedene Gruppierungen um die Herrschaft über die palästinensische Gesellschaft konkurrieren.

Im 20. Jahrhundert gab es im Ganzen vier Nationalbewegungen, die versuchten, die Gemeinschaft zu definieren, wobei sie lokale, regionale und weltgesellschaftliche Trends widerspiegelten. Jede der aufsteigenden Bewegungen nährte sich an der Niederlage der vorherigen und orientierte sich hauptsächlich an dem gemeinsamen Ziel: dem Kampf gegen den Zionismus (Baumgarten 2005: 25f). Hiermit reagierten sie einerseits auf die fortdauernde Exklusion durch den Zionismus und nutzten diesen andererseits als Projektionsfläche für erlittene Modernisierungsschübe und krisenhaft wahrgenommene Ungleichzeitigkeiten.

Weltgesellschaftlich kann für die ganze Region des Nahen Ostens zwischen einer Phase des Importes europäischer Diskurse durch die osmanischen Eliten (ab 1830) und einer Phase der lokalen Neuinterpretation und Gegenbewegung (ab 1900) unterschieden werden (Jung/Schlichte/Siegelberg 2003: 260). Letztere führte wie in Palästina zur Bildung neuer imaginierter Identität und ließ kulturelle Erneuerungsbewegungen wie die Muslimbrüderschaft entstehen. Der Bildung des palästinensischen Nationalismus ging vor allem die Entstehung einer Öffentlichkeit voraus, die erst durch die Nutzung neuer Medien und eine Bildungsexpansion möglich geworden war.

Eine erhöhte Alphabetisierungsrate, verbesserte Mobilität und neue Kommunikationsmittel wie Presse und Rundfunk ließen die Ideen zirkulieren (Krämer 2002: 310f). Im Zuge der Bildungsexpansion und dem Besuch ausländischer Universitäten hatte sich in den Städten eine arabische Intelligenzija herangebildet. Nachdem eine großsyrische Ordnung infolge der neuen Grenzziehungen des Mandatssystems unmöglich geworden war, propagierten die palästinensischen Eliten ein arabisch-palästinensisches Kollektiv (Kimmerling/Migdal 2003: 56). Der Widerstand richtete sich vor allem gegen die sehr präsente jüdische Nationalbewegung und wurde von Jerusalemer Notabeln in der Form von muslimisch-christlichen Vereinigungen organisiert, die hierdurch ihre Macht gegenüber anderen Notabeln ausbauen wollten (Kimmerling/Migdal 2003: 73).

Aber auch bei der Landbevölkerung formierte sich Widerstand. Verarmte Bauern konnten sich mit den Zionisten nicht wie mit den arabischen Großgrundbesitzern arrangieren. Die Zionisten wurden aufgrund ihrer anderen Umgangsformen als Fremde wahrgenommen, und die massive Zuwanderung von Juden im Rahmen der zweiten Aliya spitzte diesen Konflikt weiter zu (Khalidi 1997: 103). Die Ausweitung des Schulsystems sorgte dafür, dass junge, nationalistisch gesinnte Lehrer ihr Gedankengut auch in die entlegenen dörflichen Regionen brachten (Kimmerling/Migdal 2003: 110). Ab 1929 kam es zu einer rapiden Mobilisierung der Bevölkerung, die immer heftiger gegen die zionistische Zuwanderung aufbegehrte. Die Kluft zwischen Stadt und Land vertiefte sich jedoch (Kimmerling/Migdal 2003: 93). Hieran scheiterte letztlich die arabische Rebellion (1936-39), da Rebellenführer aus den Dörfern auch gegen einheimische Notabeln vorgingen, eigene Symboliken wie die Kufiya-Kopfbedeckung entwarfen und diese der Stadtbevölkerung aufzwangen (Krämer 2002: 334-340). Diese erste Nationalbewegung scheiterte somit nicht nur an der überlegenen Militärmacht des britischen Imperiums, sondern ebenso an der Unfähigkeit, eine eigene kohärente Wir-Identität aufzubauen.

Der koloniale Zugriff nach dem Ersten Weltkrieg schob aber nicht nur nationale Bestrebungen an, sondern förderte auch die Entstehung politisch-religiöser Gegenbewegungen, die sich sowohl gegen die Kolonialmächte als auch gegen die säkularen Nationalbewegungen richteten. Ein entscheidendes Ereignis fand 1924 statt, als auch die Muslimbrüderschaft gegründet wurde. Damals wurden von dem sich als säkular begreifenden türkischen Staat die islamischen Institutionen des alten Osmanischen Reiches aufgelöst und der Kalif außer Landes gebracht. Dies erzeugte ein Machtvakuum im religiösen Herrschaftsbereich, was die Entstehung von Bewegungen förderte, die den Glauben neu interpretierten und eine Rückkehr zum ursprünglichen Islam forderten (Diner 2007: 81). Die Muslimbrüder kämpften vor allem in Ägypten gegen die koloniale Inbesitznahme. Sie konzentrierten sich aber immer stärker auch auf die Palästinafrage, da diese zu einem Kristallisationspunkt unter Muslimen wurde, und nutzten sie zur Mobilisierung von Unterstützung (Diner 2007: 93). Nach 1948 wandten sie sich aber vom bewaffneten Kampf ab und widmeten sich stärker einer kulturellen Erneuerung der palästinensischen Gesellschaft.

Auf die zionistische Staatsgründung und das Trauma der Vertreibung „al-Nakba" von 1948 reagierten Studenten an der Universität von Beirut mit der Gründung der zweiten Nationalbewegung, dem „Mouvement of Arab Nationalists" (MAN). Sie hatten keine palästinensische Nation, sondern einen panarabischen Zusammenschluss im Sinn, der auch die Palästinenser umfassen sollte. In selbstkritischer Weise hoben sie die Schwäche der arabischen Welt im Angesicht der israelischen Überlegenheit hervor und traten für eine umfassende industrielle Modernisierung und Säkularisierung ein (Baumgarten 2005: 28).

In ihrer panarabischen Ideologie entsprach die MAN dem Zeitalter der Dekolonisierung, in dem sich die arabischen Nationalstaaten noch nicht gefestigt hatten. Diese standen bis zur Suezkrise 1956 immer noch unter dem Einfluss der alten Kolonialmächte. Die MAN fand vor allen Dingen gerade deswegen unter den heimatlosen und über die arabischen Staaten verstreuten Palästinensern so viel Zuspruch, weil sich die Flüchtlinge in ein panarabisches Kollektiv imaginieren konnten, das ihnen auch in ihren Aufnahmeländern Schutz und Halt versprach (Khalidi 1997: 182). Mit ihrer Staatenlosigkeit wurden die Palästinenser bei jeder erniedrigenden Passkontrolle konfrontiert, was ihre Selbstwahrnehmung als Schicksalsgemeinschaft nur noch steigerte (Khalidi 1997: 1). Mit der Niederlage der arabischen Staaten im Sechstagekrieg verlor die Idee vom Panarabismus jedoch an Glaubwürdigkeit. Der Bewegung kam ihre Massenbasis abhanden, und sie splitterte in verschiedene Gruppen auf, die später der PLO beitraten.

Die Fatah wurde als dritte Nationalbewegung von dem Zusammenschluss der symbolischen Welten zur Weltgesellschaft erfasst. Dieser manifestierte sich Ende der 1960er Jahre als Dritte-Welt-Bewegung: „*In 1968-69 a wave of rebellion swept across all three worlds, or large parts of them, carried essentially by the new social force of students*" (Hobsbawn 1994: 444). Die zunehmende Verbreitung bürgerlicher Normen über Kulturprodukte, Massenmedien und die Universitäten durchdrang die Lebenswelten und konfrontierte die traditionalen Verhältnisse mit anderen Lebensformen. Da sie nun einen gemeinsamen Sinnhorizont teilten, bezogen sich die Guerillagruppen auf der Suche nach Ideen und Unterstützung wechselseitig aufeinander. Die Fatah ließ sich so vom algerischen Befreiungskampf inspirieren und pflegte in Tunis regen Kontakt zu Revolutionären aus aller Welt.

Nach der Niederlage der arabischen Staaten von 1967 konnte die Fatah nur deswegen zu einer Massenbewegung aufsteigen, weil sie kurz danach in der Schlacht von Karame erstmals israelische Einheiten zum Rückzug gezwungen hatte und diese Tat zu ihrem Mobilisierungsmythos machte. Als nationales Symbol etablierte sich in den 1970er Jahren der Fatah-Feday, der als Kämpfer mit Kalaschnikow und Kufiya mythologisch an die arabische Rebellion anschloss und für die Befreiung Palästinas bereitwillig sein Leben hingab (Kimmerling/Migdal 2003: 236). Mit der Übernahme der PLO, die die Alleinvertretung der Palästinenser beanspruchte, konnte die Fatah ihre Dominanz als Nationalbewegung nach innen wie nach außen festigen. Der Karamemythos verblasste jedoch mit der Niederlage im Libanon 1982, was islamischen Bewegungen zum Aufstieg verhalf.

Die Entstehung der Hamas als nationalreligiöse Bewegung hing sehr stark mit einer Veränderung im kapitalistischen Transformationsprozess zusammen, der für den allgemeinen Aufstieg des politischen Islams sorgte. Dieser zeigte sich ab den 1970er Jahren weniger als ein ökonomischer, militärischer oder politischer Anpassungsdruck wie in früheren Zeiten, sondern war hauptsächlich durch die stärkere Verbreitung bürgerlicher Normen gekennzeichnet (Jung/Schlichte/Siegelberg 2003: 68). Grund hierfür war die Stagnation der Weltwirtschaft im Zuge der Ölkrise und eine ökonomische Abkopplung des „Südens" von der Triade Europa, Nordamerika und Asien, deren Wirtschaftsbeziehungen sich weiter vertieften (Hoogvelt 1997). Entsprechend zeigte sich die kapitalistische Transformation hauptsächlich als eine Form der kulturellen Globalisierung.

Kämpften früher sozialrevolutionäre Bewegungen gegen die ökonomische Transformation, so reagierten nun fundamentalistische Gruppen[10] mit einem archaisch-antimodernen Programm auf den Verlust ihrer Lebenswelt. Erstere verloren in Palästina in den 1990er Jahren gegenüber letzteren entsprechend zunehmend an Boden (Hilal 2006: 6). Islamistische Gruppen wurden aber nicht ausschließlich durch ihr ideologisches Angebot so attraktiv, sondern vor allem, weil sie reale sozioökonomische Probleme mithilfe von Netzwerken karikativer Einrichtungen lösten (Jung/Schlichte/Siegelberg 2003: 70). Mit den Petrodollars aus Saudi-Arabien und Kuwait betreiben diese Gruppen eine Re-Islamisierung von unten, wodurch sie sich als Schnittstelle zwischen Staat und der Gesellschaft etablieren konnten (Kepel 1991: 44-58).

Dies wurde durch die Muslimbrüderschaft (MB) in den Besetzten Gebieten bis zum Ausbruch der Intifada ebenso betrieben und sorgte für eine Machtverschiebung zugunsten der MB (Mishal/Sela 2000: 24f). Mit der Gründung der Hamas wandte sie sich 1987 wieder der revolutionären Ausrichtung des politischen Islam zu. Sie reagierte damit auf den Druck der jungen Generation, die von der israelischen Repression geprägt wurde und in Muslimbrüderschaft und Fatah eine Radikalisierung vorantrieb (vgl. Hatina 2001: 79). Mit ihrer Charta knüpfte

---

10 *Das fundamentalistische Programm selbst ist antimodern, die Gruppen, die es vertreten, sind es hingegen nicht. Hinter der antimodernen Ideologie verbergen sich Interessenskonflikte konkurrierender Machtgruppen, die diese in dem ihnen geläufigen Vokabular ausdrücken: „Die Beschwörung der Tradition dient [...] der Vergegenwärtigung des Kommenden in der Sprache der Vergangenheit" (Jung/Schlichte/Siegelberg 2003: 70). Der sunnitische Klerus konnte so nach seiner Marginalisierung durch den Aufstieg säkularer und nationalistisch gesinnter Eliten erstmals wieder an Macht gewinnen (Hatina 2006: 36). Deren Mitglieder sitzen beispielsweise im beratenden Gremium der Hamasführung und üben so einen beträchtlichen Einfluss auf das Geschehen aus.*

die Hamas an den immer noch traditional geprägten Habitus der Palästinenser an und projizierte die Modernisierungswidersprüche der palästinensischen Gesellschaft auf die Besatzungsmacht (Jung 1995: 230-233).

Die Hamas fand in der palästinensischen Bevölkerung daher zunächst großen Zuspruch, vor allem, weil sie an den verblassten Mythos des bewaffneten Kampfes der Fatah anschloss und damit direkt mit ihr konkurrierte. An den palästinensischen Nationalmythos wurde angedockt, indem dieser als religiöser Widerstand interpretiert und religiöse Symboliken als Traditionen neu erfunden wurden (vgl. Knudsen 2004: 6). Die Figur des Feday ersetzte die Hamas durch das Symbol des Märtyrers, welches im Ritual des Selbstopferungsanschlags zelebriert wurde. Im Zuge der Zweiten Intifada wurde der Märtyrer zur dominanten Figur des palästinensischen Nationalismus und fand seinen Weg in das Innere der Gesellschaft (Bucaille 2004: 139).

Hinter der Hamas standen aber vor allem aufstrebende Mittelschichten, die den Flüchtlingslagern entstammten und später die Universitäten besuchten (Mishal/Sela 2000: 25). Die Verbindung von traditionalem Habitus und schneller Modernisierung in den Bildungseinrichtungen führte jedoch zu einer Radikalisierung, die sich in Programm und Wirken der Hamas wiederfinden lässt. Gerade in den Flüchtlingscamps hatte sich eine eigene „Diasporaidentität" entwickelt, die vor allem im übervölkerten Gazastreifen, der Bastion der Hamas, ihre radikalisierende Wirkung entfalten konnte (vgl. Kimmerling/Migdal 2003: 222-228). Hier imaginierten sich die Flüchtlinge in das Palästina der Mandatszeit; als Herkunftsort nannten auch noch die jüngeren Palästinenser die Dörfer ihrer Vorfahren im heutigen Israel, auch wenn sie selbst nie dort gewesen waren (Hass 2003: 168).

4.5. Die Struktur des innerpalästinensischen Konfliktes

Der Palästinakonflikt und der innerpalästinensische Konflikt sind miteinander eng verwoben. Sie entstanden hauptsächlich aus der Widersprüchlichkeit zweier Ungleichzeitigkeiten zwischen den drei in den vorigen Kapiteln untersuchten Elementarfunktionen. Die Ungleichzeitigkeiten resultierten aus einer schnelleren Transformation der ökonomischen Reproduktion, der die Herrschaftsordnung und die symbolische Reproduktion nicht folgen konnten. Die Einbindung in den Weltmarkt geschah aber nicht durch eine koloniale Inwertsetzung in schneller und direkter Form, sondern langsam und indirekt über die Tanzimatreformen des Osmanischen Reiches. Aufgrund seiner inneren Verfasstheit als ein der Brüderlichkeitsethik verpflichtetes Vielvölkerreich bildete es bis 1917 eine Blockade gegen einen direkten kolonialen Übergriff, war jedoch ansonsten machtlos dem wachsenden Einfluss der europäischen Nationalstaaten ausgeliefert. In der lokalen Bevölkerung blieb es nur lose verankert und die Herrschaft wurde hauptsächlich über Intermediäre – örtliche Notabeln – abgesichert.

Während so im Rahmen der Tanzimatreformen der Boden bereits in eine Ware transformiert worden war, fehlte ein an die lokale Bevölkerung rückgebundener Herrschaftsverband, der diesen Prozess hätte rechtlich absichern können. Von dieser Ungleichzeitigkeit profitierte die zionistische Nationalbewegung, die in Form eines Siedlerkolonialismus politisch motivierte Landkäufe tätigte und diesem Boden wieder seinen Warencharakter nahm. Das Verbot des Wiederverkaufs des Bodens und dessen kollektive jüdische Bewirtschaftung stellten eine faktische Exklusion der arabischstämmigen indigenen Bevölkerung dar. Ab 1900 wurde die Abschottung durch die Schaffung protostaatlicher Institutionen weiter fortgesetzt. Sie waren denen der noch sehr traditionalen arabischen Bevölkerung überlegen, da die aus dem Ausland einströmenden Zionisten moderne Verhaltens- und Organisationsformen mitbrachten. Der Verband, den sie bildeten, war recht schnell in hohem Maße handlungsfähig und symbolisch präsent. Die als fremd wahrgenommene kulturelle Andersartigkeit der Zionisten und ihre organisatorische und symbolische Überlegenheit erschütterten die symbolische Reproduktion der arabischen Bevölkerungsmehrheit. Die imperiale Inbesitznahme und zeitweilige Förderung des zionistischen Projekts und Unterdrückung arabischer politischer Bestrebungen durch Großbritannien begünstigten diese Entwicklung.

Die zweite zentrale Ungleichzeitigkeit ergab sich aus der Auflösung traditionaler Sozialbeziehungen durch den kapitalistischen Transformationsprozess, dem die symbolische Reproduktion hinterherhinkte. Über Solidaritätsnetzwerke blieben auch die städtischen Unterschichten noch an ihre Heimatdörfer angebunden, sodass sich die Bildung neuer Identitäten verzögerte. Zum anderen verhinderten die fehlenden Institutionen und die Flucht und Fragmentierung der Bevölkerung nach 1948 den Ausbau einer kohärenten nationalen Wir-Identität, wie es in europäischen Nationalstaaten der Fall war. Stattdessen wechselten sich verschiedene Identitätsangebote wie muslimisch-christlicher Arabismus, Panarabismus, säkularer palästinensischer Nationalismus und nationalreligiöse Vorstellungen ab. Sie spiegelten regionale und weltgesellschaftliche Trends wider und wurden ab 1948 hauptsächlich von den aus dem Studentenmilieu neu entstehenden Machtgruppen vorangetrieben. Vergeblich versuchten diese der palästinensischen Gesellschaft ihren Prägestempel aufzudrücken, scheiterten aber daran, ihren Herrschaftsanspruch über die Schaffung dauerhafter Institutionen abzusichern.

Da sich der palästinensische Nationalismus primär in Reaktion auf die zionistische Nationalbewegung gebildet hatte, stellte der Kampf gegen diesen Feind seine Grundlage dar. In dem Kampf verband sich untrennbar das reale Problem der fortdauernden Exklusion mit einer Projektion erlittener Modernisierungsschübe auf den gemeinsamen zionistischen Feind. Die Aufgabe oder das Scheitern einer Nationalbewegung in diesem Kampf beförderten den Aufstieg einer neuen. Das sichtbare Modernisierungsgefälle zwischen der modernen israelischen Gesellschaft und der noch stark traditional geprägten arabischen Bevölkerung wurde nach der israelischen Besetzung der palästinensischen Gebiete 1967 wieder akut. Der palästinensische Staatsbildungsprozess wurde nun angeschoben, da die sich immer stärker als Nation verstehenden Palästinenser nunmehr über ein eigenes Territorium verfügten.

Der innerpalästinensische Konflikt, der hauptsächlich auf diesem Staatsbildungsprozess beruhte, begann sich zu entwickeln. Neu war er hingegen nicht, da der Kampf gegen die britische/zionistische Okkupation seit der arabischen Rebellion bereits mit innerpalästinensischen Kämpfen verbunden war. Schon damals versuchten Rebellenführer aus ländlichen Gebieten die Macht der städtischen Notabeln zu brechen. Der Kampf um die Definition der Wir-Identität dominierte so seit Anbeginn den Kampf gegen den zionistischen Feind. Auch in der Ersten Intifada zeigte sich diese enge Verbindung. Die traditionale Herrschaft der Notabeln wurde in den Besetzten Gebieten zunächst dadurch gefestigt, dass sie zusammen mit dem Netz an Kollaborateuren als Intermediäre für die israelische Militärregierung fungierten.

Ein rapider sozioökonomischer Wandel sorgte dafür, dass eine Vielzahl von Palästinensern aus traditionalen Verhältnissen herausgelöst wurde. Die Ungleichzeitigkeit, die sich hier als Triebmotor des Konfliktes manifestierte, bestand in dem Widerspruch aus den durch die Lohnarbeit zunehmend unpersönlicher werdenden Sozialbeziehungen und der Herrschaft örtlicher Notabeln über persönliche Abhängigkeiten. Flüchtlinge erhielten im Zuge der Bildungsexpansion die Möglichkeit zum sozialen Aufstieg, waren jedoch aufgrund der Wirtschaftskrise in den 1980er Jahren immer stärker von Arbeits- und Perspektivlosigkeit betroffen. Traditionelle Autoritäten verloren an Einfluss, und die jungen Akademiker drängten auf politische Beteiligung, die ihnen von dem Konglomerat der intermediären Herrschaft verwehrt wurde. Zum anderen verschärfte sich die israelische Repression ab Mitte der 1980er Jahre massiv, wodurch die Palästinenser konstant mit militärischer Administrativhaft, Deportationen und Zerstörungen von Wohneigentum konfrontiert wurden (vgl. Croitoru 2007: 69f). Eine ganze Generation war davon betroffen und bildete den Motor des innerpalästinensischen Konfliktes (vgl. Larzillière 2006: 9).

Die beschriebene innerpalästinensische Krise weitete sich in der Intifada zu einem Konflikt aus, als die Hamas als religiös orientierte Nationalbewegung ins Leben gerufen wurde, hinter der vor allem Akademiker standen, welche mit ihrem traditionalen Habitus noch in den Flüchtlingslagern beheimatet waren. In den Flüchtlingslagern hatte sich aber eine eigene Identität herausgebildet, die sich aufgrund der sozialen Abgeschlossenheit stark von der restlichen Bevölkerung unterschied. Auch konnten sich dort die traditionalen Abhängigkeiten von Notabeln schnell wiederherstellen, da diese über ihre Beziehungen weiterhin Ressourcen mobilisieren konnten. Die „junge Garde" der Fatah entstammte zum großen Teil ebenso den Flüchtlingslagern und trug den Konflikt in die Fatah hinein, wo er in Form der Zweiten Intifada quasi zeitverzögert eskalierte. Über die Gruppenzugehörigkeit in dieser Generation entschied vor allem die vorherige Sozialisation in den 1980er Jahren (Johannsen 2006: 217).

Die Anhänger beider Machtgruppen konkurrierten als Nationalbewegungen um dieselbe Bevölkerung, teilten also im Grunde eine gemeinsame Wir-Identität, um deren spezifische Ausprägung sie aber stritten. Ein Ausbau der Machtposition und deren Absicherung in Form von Herrschaft[11] war aber nur durch die Bildung von eigenen Institutionen möglich, was beide Gruppen seit Anfang der 1980er Jahre betrieben (vgl. Kapitel 5). Die Fatah nutzte ihre bereits erworbene internationale Legitimität, um ultimativ zu einem Staat zu werden. Dies setzte aber Zugeständnisse an den Feind der Nation – Israel – voraus, was eine Angriffsfläche für Diffamierungen bot. So wurde der innerpalästinensische Konflikt hauptsächlich innerhalb des Palästinakonfliktes ausgefochten, und die Hamas geißelte 1991 die Friedensgespräche in Flugblättern als *„Ausverkauf Palästinas"* und *„ein Verrat an Allah"*, was ihre territoriale und religiöse Interpretation des Palästinakonfliktes widerspiegelte (vgl. Croitoru 2007: 120).

War die Fatah zunächst siegreich, indem sie sich in die Autonomiebehörde transformierte, so wurde sie im Prozess der Staatsbildung sogleich mit einer zweiten Ungleichzeitigkeit konfrontiert. Während die Herrschaftsform der PA aus Gründen der noch sehr traditionalen palästinensischen Gesellschaft neopatrimonial organisiert war, wurde sie von eben dieser Bevölkerung an dem Maßstab derjenigen Normen gemessen, die sich zuletzt massiv in der Weltgesellschaft verbreitet hatten. Die PA musste aus Gründen der eigenen Herrschaftssicherung und Solidarität zu Clanfamilien Klientelnetzwerke aufbauen, die aber nach anstaltsstaatlichen Maßstäben als Korruption angesehen wurden.

Die Hamas stellte hier eine attraktive Alternative dar, da sie als unbestechlich, lautbar und gut organisiert galt. Sie sorgte für diejenigen Modernisierungsverlierer, die vom Klientelsystem ausgeschlossen blieben. Der innerpalästinensische Konflikt wurde somit ab 2000 von der sich immer weiter verschärfenden sozioökonomischen Kluft in der Bevölkerung bestimmt. Die Hamas profitierte von den zahlreichen Problemen der Fatah, als sie 2005 die Parlamentswahlen gewann. Damit wurde sie aber in der Regierungsverantwortung mit denselben Schwierigkeiten konfrontiert. Die offene Konkurrenz zwischen Fatah und Ha-

---

11 *Wie wenig der Konflikt von der Ideologie und wie sehr er demgegenüber von Machterwägungen angetrieben wurde, zeigt ein internes Dokument der Hamas, in dem eine Reaktion auf mögliche palästinensische Wahlen diskutiert wird und das kaum religiöse Referenzen aufweist: „On the Palestinian dimension the movement confronts Fatah which agrees with ... [sic] and will not hesitate to use any method of elimination and bloodshed if Hamas confronts by force the implementation of the settlement which would necessarily mean a civil war ... [under these circumstances] we will lose more [than Fatah] because our power is latent in our real popularity while Fatah's power reflects the equation of funds and control of the important institutions" (Mishal/Sela 2002: 10).*

mas ging von einer Blockade in einen kurzen Bürgerkrieg über, der durch die vollständige Besetzung des Gazastreifens durch die Hamas beendet wurde.

Warum dies erst im Jahr 2007 und nicht schon bereits zu den Friedensgesprächen 1991 geschah, kann aus der weltgesellschaftlichen Perspektive nicht erklärt werden. Hierzu ist eine Analyse des Konfliktes als Handlungsfeld notwendig, der in seinem Verlauf eine spezifische Eigenlogik entwickelte, die sich weder aus weltgesellschaftlichen noch aus individuellen Handlungen der Akteure erschließen lässt (vgl. Schlichte 2005: 146). Im Folgenden werden so im fünften Kapitel die beiden zentralen Figurationen aus Fatah und Hamas in ihrer historischen Entstehung beschrieben und die relevanten Abhängigkeiten und Dynamiken herausgearbeitet. Diese beiden Figurationen stellen zusammen mit Israel das Handlungsfeld des Gesamtkonfliktes, welches ebenfalls im sechsten Kapitel als eine Figuration beschrieben wird.

5. Prozessanalyse der beiden Figurationen von Fatah und Hamas

5.1. Die Fatah als Wegbereiter palästinensischer Staatlichkeit

5.1.1. 1957-1967: Gründung der Fatah

Bei der 1958/59 in Kuwait geschaffenen Bewegung handelte es sich um eine vollständige Neugründung, die von akademisch gebildeten Exilpalästinensern angestoßen wurde. Diese jungen und gut ausgebildeten Palästinenser – unter ihnen spätere Führungskräfte wie Jassir Arafat, Abu Jihad, Abu Iyad und Mahmud Abbas – kannten sich hauptsächlich von der palästinensischen Studentenunion an der Kairoer Universität, wo sie sich bereits politisch engagiert hatten (Baumgarten 2002: 25). Später nahmen sie gut dotierte Stellen in den expandierenden Bürokratien der Golfstaaten an und konzentrierten sich vor allen Dingen in Kuwait, wo eine aktive Politik der Rekrutierung von Palästinensern betrieben wurde.

Die Fatah-Gründungsmitglieder knüpften sehr schnell ein Netz von Beziehungen in die palästinensische Diaspora in den Golfstaaten und Europa und verbreitete ihre Propaganda über ein eigenes Presseorgan (Baumgarten 2002: 30). Im Schatten des dominanten Panarabismus stehend war es für die Fatah zunächst schwer, Palästinenser für einen eigenständigen Guerillakampf nach algerischem Vorbild zu gewinnen. Erst 1962 kam der Durchbruch, als sich kleinere Gruppen enttäuschter Anhänger der Baa'th Partei und Mitglieder der MB der Bewegung anschlossen (Baumgarten 2002: 32). Nun wurden auch direkt im Gazastreifen einzelne Fatah-Gruppen gegründet, was die Bewegung an die Entwicklungen in den Palästinensergebieten anband (Abu-Amr 1994: 10). Die Eröffnung eines Büros in Algier im Jahr 1963 verschaffte der Fatah dazu eine Anbindung an die internationalen Netzwerke des bewaffneten Widerstands in der Dritten Welt, in denen Ideen ausgetauscht und Kontakte geknüpft wurden (Baumgarten 2002: 37).

Im Jahr 1964 entstand jedoch nach einem konstituierenden palästinensischen Nationalkongress eine Konkurrenz in Form der „Organisation zur Befreiung Palästinas" (PLO), welche aber stark unter dem Einfluss der Arabischen Liga stand. Die Fatah-Führung vermied es daher, dem Organ beizutreten und begann im Januar 1965 ihren Guerillakampf mit Anschlägen auf die israelische Siedlungsinfrastruktur (Baumgarten 2002: 37). Der militärische Arm „Assifa" verübte bis 1967 etwa 100 Anschläge und wurde in der ganzen Region bekannt (Kimmerling/Migdal 2003: 252). Unterstützung in Form von Waffen und militärischer Ausbildung wurde vor allem durch Syrien und Algerien erbracht (Baumgarten 2002: 44).

5.1.2. 1967 - 1970: Übernahme der PLO und Exil in Jordanien

Der Sechstagekrieg von 1967 veränderte die Umstände, unter denen die Fatah operieren konnte, da die palästinensischen Gebiete des Gazastreifens und im Westjordanland von Israel besetzt wurden und etwa 300.000 Palästinenser aus dem Westjordanland auf jordanisches Territorium flohen (Baumgarten 2002: 37). Bewaffnete Operationen der Guerilla aus den Besetzten Gebieten wurden somit erschwert, woraufhin die egalitäre Führungsstruktur der Fatah durch eine Hierarchisierung den wachsenden militärischen Herausforderungen angepasst wurde. Arafat gelangte dadurch bereits im August 1967 durch den neuen Posten des militärischen Kommandanten an die Spitze der Bewegung (Baumgarten 2002: 46).

Der israelische Sicherheitsapparat zerschlug den Widerstand jedoch sehr schnell und zwang die Aktivisten zu einem Rückzug auf jordanisches Territorium. Damit war dem direkten Widerstand aus den besetzten Gebieten der Boden entzogen worden, was sich als dauerhafte Hypothek für die palästinensische Nationalbewegung erweisen sollte. Mit einer Existenz im Exil wurde die Fatah von den Entwicklungen in den Besetzten Gebieten abgeschnitten. Diese Distanz wurde zu einem großen Problem für die Mobilisierung der dortigen Bevölkerung und die Kohäsion der Bewegung, da die Palästinenser im Rahmen der Besatzung andere Sozialisationserfahrungen als ihre „Brüder" im Exil machten (Kimmerling/Migdal 2003: 259). Somit wurde hier die Grundlage für die spätere Kluft zwischen der jungen und der alten Garde im Rahmen der palästinensischen Staatsbildung gelegt (Shikaki 2002).

Der eigentliche Aufstieg der Fatah war aber das Resultat einer misslungenen israelischen Offensive auf Einheiten der Fatah im palästinensischen Flüchtlingslager Karame auf jordanischem Territorium. Die bis dato ungeschlagene israelische Armee musste sich unter zahlreichen Verlusten zurückziehen, was propagandistisch ausgeschlachtet wurde. Nach der Niederlage der panarabischen Kräfte hatte der Mythos des bewaffneten Guerillakampfes eine ungeheure Mobilisierungswirkung und machte die Fatah in der ganzen arabischen Welt bekannt (Baumgarten 2002: 50-52). Unzählige Freiwillige schlossen sich der Fatah an, die nun in 80 Staaten Vertretungen gründete. Dies fragmentierte die Bewegung jedoch zusätzlich und entfernte sie weiter von den Besetzten Gebieten (Kimmerling/Migdal 2003: 259). Arafat selbst wurde durch das Kriegercharisma zum zentralen Leiter der Nationalbewegung und stieg zur nationalen Ikone auf, deren Autorität nicht offen hinterfragt werden durfte.

Gestärkt durch den Erfolg und beeinflusst von dem heimatlosen Leben in der Diaspora wurde im Januar 1968 von der Fatah das erste Mal die Staatsbildung offiziell als politisches Ziel proklamiert. Dies änderte sich auch nicht, als diese später im selben Jahr der PLO beitrat und diese durch ihre große Mitgliederzahl rasch dominierte (Baumgarten 2002: 54-56). Die Fatah erlangte Mehrheiten in den beiden wichtigsten Entscheidungsgremien der PLO, dem palästinensischen Nationalrat und dem Exekutivkomitee. Arafat übernahm sowohl die Leitung der PLO als auch die der Fatah und baute damit seine Führungsrolle weiter aus. Im weiteren Verlauf fußte seine Herrschaft hauptsächlich auf seiner charismatischen Legitimität und auf persönlichen Loyalitäten, die durch ein umfassendes Patronagesystem hergestellt wurden (Jarbawi/Pearlman 2007: 8). Er repräsentierte die Palästinenser in der Weltöffentlichkeit, ließ sein Charisma in vielen persönlichen Gesprächen mit lokalen Führern wirken und erschuf ein auf ihn persönlich abgestimmtes informelles System, das unter der formalen Fassade der PLO als Herrschaftssystem wirkte.

Diese Herrschaftsstrukturen waren aber in Jordanien noch begrenzt und wurden erst im Libanon stärker ausgebaut. Vor allen Dingen die linken Gruppierungen und kleinere Splittergruppen widersetzten sich den Befehlen der PLO-Führung. Gleichzeitig hatten sich mit dem massiven Zustrom an Palästinensern die Machtverhältnisse in Jordanien geändert, da nun auf einen jordanischen Bürger zwei Palästinenser kamen und die Neuankömmlinge meist besser organisiert und höher gebildet waren (Kimmerling/Migdal 2003: 221). Der bewaffnete Widerstand der Palästinenser entwickelte sich rasch zu einem Staat im Staate. Gerade die linken Gruppierung der „Peoples Front for the Liberation of Palestine" (PFLP) und „Democratic Front for the Liberation of Palestine" (DFLP) versuchten offensiv gegen das jordanische Königshaus zu opponieren und internationalisierten den Konflikt, indem sie ab 1968 anfingen, Flugzeuge zu entführen (Baumgarten 2002: 57-62). Die jordanische Führung sah sich in ihrer Existenz bedroht und vertrieb mit ihrem überlegenen Militär 1970/71 alle Fraktionen des palästinensischen Widerstands, die in den Libanon flohen.

5.1.3. 1970-1982: Diplomatie und Staatsbildung im Libanon

Im Libanon suchten die Aktivisten der PLO nicht nur Zuflucht, sondern trieben ihr militärisch-politisches Projekt einer palästinensischen Staatsbildung voran. Die Grundlage hierzu boten die etwa 100.000 palästinensischen Flüchtlinge, die seit 1948 vornehmlich im Süden des Landes weitgehend rechtlos und unter schlechten sozioökonomischen Bedingungen in Flüchtlingslagern ihr Dasein fristeten. Palästinensische Guerillaeinheiten lieferten sich Gefechte mit dem libanesischen Militär, das bis dato die Flüchtlingslager kontrollierte (Baumgarten 2002: 87). Bei den darauf folgenden Verhandlungen im selben Jahr in Kairo wurde unter Nassers Ägide ein Abkommen getroffen, das der PLO eine faktische Autonomie im Süden Libanons verschaffte und zum ersten Mal die relative Unabhängigkeit von Interventionen arabischer Staaten garantierte (Kimmerling/Migdal 2003: 264).

Durch diese Autonomie geschützt begann die PLO mit der Bildung von Institutionen und dem Aufbau einer Armee aus den unterschiedlichen Guerillaeinheiten. Letztere nahmen auch gleich nach ihrem Einsickern auf libanesisches Territorium den Guerillakampf gegen Israel auf und operierten aus dem sicheren südlibanesischen Hinterland. Die Guerillagruppen erhoben Steuern in den Flüchtlingscamps, wo sie auch ihren Nachwuchs rekrutierten, indem sie in den von der UNRWA betriebenen Schulen paramilitärische Trainings organisierten (Kimmerling/Migdal 2003: 264). Ausgebildet und professionalisiert wurden die Guerillaeinheiten dann später von den Spezialisten des sowjetischen Militärs (Baumgarten 2002: 102). An Institutionen entstanden ab 1973 rudimentäre Ministerien, Gerichte, soziale Einrichtungen wie Krankenhäuser und Kindergärten, aber auch Verbreitungsorgane für Propaganda wie eine Presseagentur, eine Radiostation und eine Filmabteilung (Baumgarten 2002: 102). Die PLO kontrollierte ein ganzes Stadtviertel in Beirut, in dem der bürokratische Apparat hauptsächlich zu finden war. Im Laufe der Jahre bildete sich eine Organisation mit etwa 8.000 zivilen Mitarbeitern, einem Budget, das mehrere hundert Millionen US-Dollar umfasste und diplomatische Vertretungen in über hundert Ländern unterhielt (Kimmerling/Migdal 2003: 265). Die Finanzierung dieses Protostaates wurde hauptsächlich durch externe Hilfen der Golfstaaten sichergestellt, wovon ein Drittel zur Unterhaltung der Guerillaarmee und zwei Drittel für Sozialeinrichtungen und die Bürokratie aufgewendet wurde (Kimmerling/Migdal 2003: 266).

Das politisch-militärische Projekt der Staatsbildung wurde zusätzlich von einer diplomatischen Offensive begleitet. Ihr Ziel war es, die Anerkennung des Rechts der palästinensischen Nationalbewegung auf einen eigenen Staat in der Weltöffentlichkeit durchzusetzen. Ab 1972 wurden konkrete Gespräche über die Möglichkeiten einer palästinensischen Staatsbildung mit den Anrainerstaaten geführt, da man dem jordanischen Vorschlag der Schaffung eines Großjordaniens etwas entgegensetzen musste. Nach dem Jom-Kippur-Krieg war die PLO 1973 in einer günstigen Verhandlungsposition und versuchte ihre internationale Legitimität durch eine Abkehr von der radikalen Agenda zu erhöhen. In Form einer Revision ihrer Nationalcharta wurde der bewaffnete Kampf nunmehr deutlich als Mittel zum Zweck benannt und die Möglichkeit gewaltfreier Lösungen des Palästinakonfliktes aufgezeigt.

Hierdurch ergaben sich zwei Entwicklungen. Zum einen verursachte dies interne Spannungen, die in der Abspaltung von PFLP und der Abu-Nidal-Gruppe mündeten und die PLO schwächte (vgl. Jarbawi/Pearlman 2007: 9). Zum anderen konnte die PLO hierdurch diplomatische Gewinne einfahren. Sie wurde 1974 von der Arabischen Liga als einzige Vertretung der Palästinenser regional und durch eine Resolution der UN-Vollversammlung auch global anerkannt (Baumgarten 2002: 82). Dass der PLO zusätzlich ein Beobachterstatus bei den Vereinten Nationen gewährt wurde, verdeutlicht, wie stark sich die PLO bereits in das internationale System integrieren konnte (vgl. Kimmerling/Migdal 2003: 265). Weder die komplexe Infrastruktur mit der professionalisierten Armee noch die diplomatischen Erfolge schützten die PLO jedoch davor, im Rahmen einer israelischen Intervention im Jahr 1982 aus dem Libanon vertrieben zu werden. Der Mythos vom bewaffneten Kampf war durch die Niederlage verblasst und die PLO bezog 1994 stark geschwächt ihr Hauptquartier im tunesischen Exil. Sie konzentrierte sich jetzt stärker auf die Förderung der Bewegung in den Besetzten Gebieten.

5.1.4. 1982-1987: Mobilisierung in den Besetzten Gebieten

In Folge der israelischen Besatzung wurde die Bevölkerung in den palästinensischen Gebieten ab 1967 immer stärker politisiert. Im Gegensatz zur ägyptischen und jordanischen wurde die israelische Besatzung viel stärker als eine Fremdherrschaft wahrgenommen und der Siedlungsbau verschärfte den Konflikt zusätzlich. Unter diesem Einfluss wuchs die in den 1960er Jahren geborene Generation auf, die sich in den 1980er Jahren radikalisieren sollte und zur Mobilisierung der Gesellschaft vor und während der Intifada maßgeblich beitrug (Bucaille 2004: 65). Die PLO konkurrierte ab 1972 mit Jordanien um den Einfluss über die Bevölkerung und verstärkte ihre Finanzzahlungen in die Besetzten Gebiete. Die Mobilisierung von Fatah-Anhängern geschah hauptsächlich in den israelischen Gefängnissen und den Shabiba-Jugendorganisationen, wo zahlreiche Jugendliche in die Bewegung sozialisiert wurden. Diese Mobilisierung entwickelte jedoch eine Eigendynamik, die sich ab 1987 in der Ersten Intifada entfaltete und sich der Kontrolle der Führung in Tunis entzog.

Ein maßgeblicher Faktor, der die Mobilisierung beschleunigte, war die Repression unter der israelischen Militärregierung in Form von Massenverhaftungen. So gab es zu Anfang der 1990er Jahre in jeder Familie mindestens eine Person, die bereits in israelischen Gefängnissen inhaftiert war (Hass 2003: 221-237). Das Gefängnis entriss die rebellischen Jugendlichen nicht nur den traditionalen Familienstrukturen, sondern sorgte auch für ihre Initiation sowohl in das Erwachsenenleben als auch in die dortige Gemeinschaft (Bucaille 2004: 4). Die gemeinsamen Erfahrungen der Erniedrigung, Folter und der Hungerstreiks gegen schlechte Haftbedingungen schweißten die Insassen ab den 1970er Jahren über Parteigrenzen hinweg zusammen und integrierten sie in die PLO (Hass 2003: 221-237). Die Fatah-Gefängnisführung legte den Gefangenen in den von ihr kontrollierten Zellenblöcken ein strenges Regiment aus verpflichtenden politischen Kursen auf und forderte Disziplin ein (Bucaille 2004: 5). Im Gefängnis wurden die Jugendlichen somit in die Gefolgschaft der Fatah aufgenommen.

Infolge der rapiden Mobilisierung gab es 1980 einen Generationenwechsel in der Fatah, der dazu führte, dass die alten Autoritäten im Innern wie im Äußeren nicht mehr anerkannt wurden. (Hass 2003: 42). Dies gipfelte 1981 in der Gründung des „Youth Committee for Social Action" (Shabiba), das für die Fatah in Schulen, Universitäten und in Sport- und Jugendclubs neue Mitglieder rekrutierte (Bucaille 2004: 4). Fatah-Studentengruppen sorgten für eine Ausweitung des Einflusses der Bewegung an den Universitäten. Ausgestattet mit den finanziellen Ressourcen ihrer Mutterorganisation konnte die Shabiba die linken Gruppierungen, welche bereits seit den 1970er Jahren sehr präsent waren, schnell zurückdrängen und wurde zur stärksten Kraft (Bucaille 2004: 5). Über die Shabiba kontrollierte die Fatah die Flüchtlingscamps und begann mit Übergriffen auf dortige israelische Militärposten (Bucaille 2004: 65). Politisch war die Shabiba vor allem dadurch aktiv, dass sie zu Demonstrationen gegen Israel aufrief und bis zur Ersten Intifada immer größere Teile der Bevölkerung mobilisierte. Für die PLO im Exil bedeutete die Entwicklung einen Verlust an Kontrolle, sodass die Funktion von Arafat zu diesem Zeitpunkt mehr die eines Koordinators als die eines Leiters war (vgl. Rubin 1999: 93).

5.1.5. 1987-1994: Von der Intifada in den Friedensprozess

Bereits kurz nach dem Beginn der Intifada versuchten die politischen Fraktionen, die Herrschaft über die Massenproteste wiederzugewinnen, indem Fatah, PFLP, DPLP und die Kommunisten die „United National Leadership" (UNL) als gemeinsame Plattform bildeten. Mittels der UNL koordinierten sie den Widerstand über Flugblätter, die in der Bevölkerung verbreitetet wurden, welche diesen Anweisungen bereitwillig folgte (Baumgarten 2002: 125). Der entscheidende Unterschied zu dem vorherigen politischen Widerstand lag entsprechend in der Mobilisierung der ganzen Bevölkerung, der Bildung einer Koalition über soziale und politische Grenzen hinweg und ein letztlich gewaltloser Widerstand in Form von Boykotten und Streiks (Bucaille 2004: 121). Hierbei spielten die Universitäten und die Jugendorganisation Shabiba die entscheidende Rolle. Die Universitäten in Gaza und dem Westjordanland waren seit Anfang der 1980er Jahre eine Hochburg der Politisierung und Rekrutierung und Professoren wie Studenten engagierten sich aktiv am Widerstand (Mishal/Sela 2000: 24).

Die Mobilisierung und Heranbildung neuer Führungskader in den Besetzten Gebieten schafften aber eine neue Konfliktlinie innerhalb der Fatah, indem es nun eine Inlandsführung in Form der UNL und die Auslandsführung der PLO in Tunis gab (Baumgarten 2006: 91). Dieser Konflikt lebte auch nach Einsetzung der Autonomiebehörde in der Form einer von außen kommenden „alten" und der aus den Gebieten stammenden „neuen" Garde weiter (Shikaki 2002). Während der Intifada bedeutete der Konflikt, dass die Inlandsführung zwar auf die finanzielle Unterstützung aus Tunis angewiesen war, jedoch ihre eigenen Ziele verfolgte und nicht allen Anweisungen Folge leistete.

Die Shabiba verfolgte bereits früh ein Programm einer inneren Intifada, das die Transformation der gesamten palästinensischen Bevölkerung zum Ziel hatte. Um die Revolution voranzutreiben, wurde eine puritanische Sozialethik propagiert und durchgesetzt, die zuerst in den Flüchtlingscamps zur Anwendung kam, später in der Intifada aber auf den Rest der Gesellschaft ausgeweitet wurde (Bucaille 2004: 21-24). Dieser Moralkodex verlangte eine vollständige Unterwerfung der Person unter die Imperative des Widerstands gegen die Besatzung und verbot sowohl abweichendes und kompromittierendes Verhalten als auch ausschweifende Lebensstile und Vergnügungen. Durch diese verstärkte Kontrolle der Bevölkerung und der Kooperation aller sozialer Schichten wurde nicht nur die nötige Mobilisierung erreicht, sondern auch erfolgreich das dichte Netz aus Kollaborateuren zerschlagen (Baumgarten 2002: 136). Diese wurden meist ohne vorherige Prüfung ihrer Delikte von der Shabiba hingerichtet. Junge Anführer dieser Gruppen gewannen an Sozialprestige und stiegen auf. Traditionale Autoritäten wurden im Gegenzug entmachtet (Bucaille 2004: 44f).

Im Jahr 1990 sank der Einfluss der Shabiba-Gruppen, als weite Teile der Bevölkerung nicht mehr willens waren, die sozioökonomischen Kosten des Aufstands zu tragen. Zusätzlich zerrütteten die israelischen Verfolgungen die Führungsstruktur der Gruppen. Radikalere und unerfahrenere Leiter stiegen auf und die Gruppen wurden gewaltbereiter. Diese beiden Entwicklungen führten zu einer generellen Militarisierung der Intifada und zu dem Phänomen des *„gangsterization of activist groups"* (Bucaille 2004: 26). Ihrem Rückhalt in der Bevölkerung beraubt, beginnen diese Gruppen ihr gegenüber rücksichtslos Gewalt anzuwenden, sich untereinander über die Kontrolle von Gebieten zu bekriegen und von wohlhabenden Personen Schutzgelder zu erpressen (Bucaille 2004: 26f). Anweisungen der PLO-Auslandsführung wurden weitgehend ignoriert, was sich etwa an den fortdauernden Exekutionen von Kollaborateuren zeigte.

Die PLO-Führung verlor zunehmend die Kontrolle über die sich aufsplitternden und autonomisierenden Gruppen. Druck über die Zurückhaltung finanzieller Zahlungen konnte sie nicht mehr ausüben, da sich ihre Finanzbasis infolge der Kuwaitkrise rapide verringerte. Nach Anschlägen in Tunis hatte die PLO ihr Hauptquartier in den Irak verlegt und befürwortete anfänglich die irakische Invasion in Kuwait. Die Golfstaaten reagierten prompt mit einer Einstellung sämtlicher Zahlungen an die PLO und konzentrierten ihr Engagement fortan auf die 1987/88 gegründete Hamas (Baumgarten 2002: 152). Hatte die PLO noch im Eifer der Intifada 1988 die Gründung eines palästinensischen Staates ausgerufen, so ging sie an Legitimität und Ressourcen geschwächt in die Friedensverhandlungen, die sich ergebnislos von 1991 bis 1993 hinzogen. Erst die Osloer Gespräche brachten 1993 den Durchbruch und ermöglichten eine eingeschränkte palästinensische Staatsbildung.

5.1.6. 1994-2000: Die Nationalbewegung wird zum Staat

Durch die Osloer Verträge wurde die Fatah 1993 offiziell zur Palästinensischen Autorität und damit zu einem Staat, der faktisch, wenn auch nicht de jure anerkannt wurde (Yonah 2003: 7; Baumgarten 2002: 181). Zuletzt hatten sich alle anderen politischen Gruppierungen in Opposition zu dem Friedensprozess befunden, sodass allein die Fatah dessen Früchte erntete. Internationale Anerkennung und ein verstärkter Rückhalt in der Bevölkerung erhöhten die Legitimität der Bewegung und internationale und israelische Finanzzahlungen vergrößerten die Handlungsfähigkeit. So begann die PA unter Zurückdrängung der Opposition schrittweise ihre Dominanz in den Autonomiegebieten auszubauen, während die alten Institutionen der PLO transferiert wurden oder an Bedeutung verloren (Mishal/Sela 2000: 103; Rubin 1999: 94). Ihr umfangreiches Budget ermöglichte es der PA, schrittweise ein umfassendes Klientelsystem[12] aufzubauen, das leicht an dem aufgeblähten Verwaltungsapparat erkennbar war, der zuletzt 110.000 Menschen beschäftigte (Jamal 2005: 122).

Da fast ausschließlich die Autonomiebehörde Arbeitsplätze in den Gebieten vergab, wechselten zahlreiche Personen zur Fatah über, da eine Beschäftigung meist nur im Zusammenhang mit einer Mitgliedschaft gewährt wurde (Hass 2003: 78). Vor allen Dingen boten die Sicherheitsapparate ein Auffangbecken für die meist perspektivlosen und schlecht ausgebildeten jungen Militanten der Ersten Intifada. Kriminalisiert und durch Verhaftungen unschädlich gemacht, wurde das Regime der Gangs schnell beseitigt und den Willigen ein Platz in den unteren Rängen des Polizeiapparats angeboten (Bucaille 2004: 44f). So wurde mit Billigung Israels der Sicherheitsapparat bis in das Jahr 2000 auf 50.000 Personen aufgestockt, obwohl die entsprechenden Verträge lediglich eine Stärke von 9.000 Mitgliedern zuließen (Bucaille 2004: 39f).

Um den Einfluss der Hamas und der linken Gruppen weiter zurückzudrängen, wurde die Kontrolle auch auf die Stiftungen, den Bildungssektor und die Presselandschaft ausgeweitet. So übernahm die PA im Jahr 1994 den Waqf-Stiftungsbesitz aus Moscheen und Sozialeinrichtungen, wofür sie 1996 ein eigenes Ministerium schuf, das die Finanzierung der Moscheen kontrollierte (Knudsen 2004: 10). Durch die Neuordnung des Stiftungsbesitzes gingen im Jahr 1994 erstmals mehr Menschen in Fatah-zugehörige Moscheen als in die der Hamas (Hass 2003: 111). Das Bildungssystem wurde ebenso unter ministeriale Kontrolle gebracht, und die Presse wurde dort, wo sie nicht in vorauseilendem Gehorsam Selbstzensur betrieb, mit administrativen Repressalien und Verhaftungen wieder auf Regierungslinie gebracht (Rubin 1999: 75f).

Mit der PA bildete sich ein neopatrimoniales Regime heraus, an dessen Basis die Intermediären aus Clans und Notabeln regierten (vgl. Bucaille 2004: 44f). Im Zentrum hingegen fand eine systematische Politik des Teilens und Herrschens statt. Eine generelle Informalisierung der Herrschaft und überlappende Zuständigkeiten schafften ein diffuses System, das als *„administrativer Feudalismus"* (Jamal 2005: 128) bezeichnet werden kann. Die Minister und die zahl-

---

12 *Zur Wirkungsweise von Klientelismus und patrimonialer Herrschaft siehe Weber (2005: 795-832) und Schlichte (2005: 111-125).*

losen „Berater" hatten keine festen Aufgabenbereiche und konkurrierten untereinander um die Gunst des „Königs" Arafat (vgl. Jamal 2005: 127-133). Auch die zahlreichen Polizeiapparate hatten keine klaren Kompetenzen und standen in einem kontinuierlichen Wettbewerb um Macht und Einfluss (Bucaille 2004: 39f). Die inneren Spannungen hielten sich dadurch in Grenzen, wodurch sich die Kräfte der konkurrierenden Elemente zunächst gegenseitig aufhoben. Die Bruchlinien wurden aber mit dem stagnierenden Osloprozess und der daraus resultierenden Unzufriedenheit gerade der jungen Fatah-Mitglieder immer deutlicher (vgl. ICG 2004b: 4).

Unzufriedenheit in den Rängen der Fatah rief vor allem die fortdauernde Kontrolle Israels hervor. Die Kairoer Abkommen verlangten eine Einstellung jeglicher feindlicher Angriffe aus den von der PA kontrollierten Gebieten auf Israel. Dies war ein Umstand, den sich die israelische Regierung zunutze machte, um Druck auf die PA auszuüben und diese als einen Intermediär zur Bekämpfung der Hamas und des Islamischen Jihad (IJ) zu verwenden (Baumgarten 2006: 121). Durch die hohe Abhängigkeit der palästinensischen Wirtschaft war Israel leicht dazu in der Lage, die PA über das Mittel der Abriegelungen wirksam unter Druck zu setzen. Auch wichtige Infrastruktureinrichtungen wie die Versorgung mit Wasser und Strom befanden sich weiterhin unter israelischer Kontrolle.

So war es nicht nur die Konkurrenz der PA mit den oppositionellen Gruppen, sondern auch der Druck Israels, der die PA dazu veranlasste, die Repression gegenüber der Opposition durch die Bildung des Staatssicherheitsgerichtshofes im Februar 1995 zu institutionalisieren (Hass 2003: 92-94). Dort wurden nach Wellen von unbegründeten Massenverhaftungen schnelle und geheime Verhandlungen abgehalten, die meist nachts stattfanden. Militärrichter ohne juristische Expertise fällten Urteile, ohne dass Anwälte und Angehörige nähere Informationen über die Delikte erfahren konnten. Die Massenverhaftungen geschahen unsystematisch und waren offensichtlich auf die einfachen Mitglieder beschränkt, um keine direkte Konfrontation mit dem harten Kern heraufzubeschwören. Vor allem fanden die Verhaftungen statt, um gegenüber Israel guten Willen zu zeigen[13] (Hass 2003: 351).

Die Kontakte zwischen der PA und Israel waren aber nicht durchgehend konfrontativ. Vielmehr bildeten sich neue Kooperationen heraus, die zumeist von den Militärs beider Seiten pragmatisch vorangetrieben wurden, welche sich aufgrund früherer Verhaftungen und Verhöre kannten (Bucaille 2004: 106f). In

---

13 *Ein Gefängnisaufseher der PA beschrieb den Sachverhalt in einem Bericht der palästinensischen Gesellschaft für den Schutz der Menschenrechte folgendermaßen: „Wir müssen eine bestimmte Anzahl von Häftlingen in den Gefängnissen haben, um die Israelis zufriedenzustellen. [...] Natürlich gibt es auch Leute, die die Autonomiebehörde im Gefängnis haben will, aber die meisten sind hier, um die Quote zu erfüllen" (Hass 2003: 351).*

strategischer Position befand sich auf palästinensischer Seite in Gaza vor allem die „Preventive Security Force" (PSF) unter der Führung von Mohammed Dahlan, die zum einen die Verfolgung und Befragung von Angehörigen der Opposition betrieb und zum anderen die Checkpoints auf der palästinensischen Seite kontrollierte. So konnte Mohammed Dahlan, der perfekt hebräisch sprach, seine Position ausbauen, indem er enge Kontakte zu israelischen Sicherheitsbehörden pflegte und darüber hinaus die Waren kontrollierte, die die Checkpoints passierten. Ihre vorteilhafte Stellung nutzen die Mitglieder der PSF vor allem, um von den Geschäftsleuten Schutzgelder zu erpressen (Bucaille 2004: 108). Ausgehend von dieser Stellung schuf sich Mohammed Dahlan über die Jahre ein eigenes Patronagesystem und wurde zum wichtigsten Vertreter der Fatah in Gaza (ICG 2007: 8).

Die PSF hatte aber eine noch viel wichtigere Rolle im Klientelsystem der PA. Sie war es, die die lukrativen Monopolvereinbarungen der PA mit israelischen Firmen absicherte und die Störung durch unliebsame Konkurrenz verhinderte (Bucaille 2004: 108). Als sich die PA etablierte, wurde gleich auch ein semiprivater Konzern namens al-Bahar gegründet, der zahlreiche Monopolarrangements unter seinem Dach vereinte und sowohl israelische als auch palästinensische Firmen und Einzelhändler ausschloss. Die Gelder aus den Monopolgewinnen flossen dann nicht offiziell über das Finanzministerium, sondern lagen auf geheimen Auslandskonten. Von führenden Mitgliedern der Fatah konnten diese Gelder zur Kofinanzierung der Sicherheitsapparate verwendet werden (Hass 2003: 319-322). Da hierüber ein Großteil der Fatahmitglieder versorgt wurde, dienten diese Praktiken dazu, das Klientelnetzwerk in neopatrimonialer Manier auszuweiten und am Leben zu erhalten.

So wurden die jungen Militanten der Shabiba zunächst über eine Versorgung in den Polizeidiensten ruhig gestellt, sie organisierten sich jedoch innerhalb des 1995 neu geschaffenen Fatah-Organs der Tanzim, das auch an Schulen und Universitäten rekrutierte (Yonah 2003: 7). Hierin artikulierten sie ihre Unzufriedenheit, die aus dem Eindruck entstand, nicht ihrem vorherigen persönlichen Einsatz gemäß entlohnt zu werden. Die Fatah-Tanzim spielte eine janusköpfige Rolle in dem System der Fatah, da sie einerseits die eigentliche militärische Basis der Fatah bildete, andererseits aber auch die größte interne Opposition darstellte (Usher 2000). Geleitet von Marwan Barghouti dominierten sie das „Fatah Higher Committee" (FHC), das 1991 gebildet wurde und strebten intern eine Neubesetzung der Führungsgremien durch Wahlen an. Ihr Ziel bestand somit darin, eine *„Revolution von unten"* (Usher 2003: 23) einzuleiten, da die „alte Garde" ihre Posten nicht freiwillig räumen wollte und den Jungen die Mitbestimmung verweigerte.

Dieser Konflikt innerhalb der Fatah wurde als einer zwischen der *„alten Garde"* und der *„jungen Garde"* beschrieben (Shikaki 2002). Dieser Generationenkonflikt war einflussreich, jedoch standen sich nicht zwei klar abgrenzbare Blöcke gegenüber. Vielmehr gab es vielfältige Koalitionen und Patronagenetzwerke, die die alte und die junge Garde miteinander verbanden (Larzillière 2006: 149). Auch war Mohammed Dahlan als ein Mitglied der jungen Generation ein treuer Gefährte der alten Führung, und er stellte einen wichtigen Eckpfeiler in deren Klientelsystem dar (Rubin 1999: 88f). Trotzdem gab es mit der Tanzim eine politische Organisation, die das interne Protestpotential vor allem auf der Straße artikulierte. Die Tanzim kritisierte Ende der 1990er Jahre immer schärfer die Rechtlosigkeit und Korruption des PA-Regimes (Usher 2003: 23).

In der Bevölkerung stieß der Friedensprozess zunächst auf große Begeisterung, welche aber in den späten 1990er Jahren in zunehmende Ernüchterung aufgrund der mangelnden Fortschritte der PA umschlug. Zwischen 1994 und 1996 stieg die Unterstützung für die Fatah kontinuierlich an und erreichte 1996 ihren Höchststand, während die Hamas rapide an Boden verlor (Hilal 2006: 7). Da alle anderen Parteien den Friedensprozess boykottierten, stellte sich die Fatah als einzige Partei 1996 zur Wahl des Autonomierats und konnte somit ihre Legitimität deutlich gegenüber der Opposition steigern (Bucaille 2004: 70). Die Korruptionsvorwürfe und die Entfremdung der politischen Führung von der Basis führten danach aber zu einem schleichenden Sympathieverlust.

Die Konflikte der PA-Führung mit den Tanzim, der Hamas und auch zunehmend mit der Bevölkerung wurden durch die Unterschiede in der Sitte verschärft. Durch die Rückkehr der Exilführung kam ein vollkommen anderer Menschenschlag in die Führungspositionen. Die Fatah-Außenführung hatte in der Diaspora meist ein luxuriöses Leben geführt und sich von dem noch stark traditionellen Ursprungsmilieu entfernt, was in den Autonomiegebieten zu Kritik an ihrem Lebensstil führte (Bucaille 2004: 35). Die Neuankömmlinge hingegen kritisierten das vergnügungsarme Leben in den Gebieten und bezeichneten die Bevölkerung als rückständig[14]. Um ihren Lebensstil weiter zu pflegen, schufen sie sich eine Infrastruktur aus guten Restaurants, Ferienbungalows und einem Sandstrand, was besonders bei jungen Islamisten Widerstand hervorrief (Bucaille 2004: 36).

5.1.7. 2000-2004: Fortschreitende Desintegration und Staatszerfall

Die Enttäuschungen über den scheiternden Friedensprozess und den zunehmenden Siedlungsbau mündeten 2000 nach einer gezielten Provokation eines israelischen Politikers in die Zweite Intifada. Da die Hamas zunächst inaktiv blieb, lässt sich die Dynamik hauptsächlich auf militante Anhänger der Fatah – vor allem der Tanzim – zurückführen, die eine rasche Eskalation vorantrieben

---

14 Ein hochrangiger PLO-Führer äußerte sich in einem Gespräch mit Hass entsprechend: *„Es ist eine rückständige Gesellschaft, noch nicht reif für die Demokratie"* *(Hass 2003: 336).*

und von der „alten Garde" nicht gestoppt wurden (ICG 2004b: 22). Letztere trachtete danach, ihre Verhandlungsposition zu stärken und befürchtete einen Machtverlust. Die Tanzim wurden nach dem Scheitern des Osloprozesses vor allem von der Angst angetrieben, durch eine mangelnde Militanz weitere Popularität an die Oppositionsgruppen zu verlieren. Die Fatah wurde förmlich von dem Widerspruch auseinander gerissen, seit 1994 gleichzeitig nationale Befreiungsbewegung und Regierung zugleich sein zu müssen und konnte dem Druck der intern aufbegehrenden Tanzim nicht länger widerstehen (vgl. Usher 2006a: 22). Da im Gegensatz zur ersten Intifada eine zentrale Leitung des Widerstandes fehlte, wurde dieser von Beginn an stärker lokal koordiniert (vgl. Bucaille 2004: 127).

Noch eingeschränkt durch den Imperativ der Außenlegitimität konnte Arafat keine offiziellen Sicherheitsorgane gegen die „Israeli Defence Force" (IDF) ins Feld schicken und autorisierte aus diesem Grund die Bildung lokaler Milizen, um die selbstverwalteten Gebiete der Zone A[15] zu schützen. Diese Milizen bestanden hauptsächlich aus Tanzim-Aktivisten und verselbständigten sich sehr schnell. Bereits Ende 2000 wurden neue, autonom agierende Gruppen wie die Al-Aqsa-Märtyrerbrigaden (AMB) und die Volkswiderstandskomitees gegründet (Usher 2003: 25). Diese Milizen unterschieden sich somit schon durch ihre dezentrale Bildung organisatorisch stark von den disziplinierten und bürokratischen Al-Qassam-Brigaden der Hamas. Die darauf folgenden israelischen Repressalien machten es Arafat immer schwerer, seine patrimoniale Herrschaft über die Klientelsysteme der Fatah aufrecht zu erhalten. So wurde seine Residenz im Dezember 2001 zum Teil zerstört und er selbst unter Hausarrest gestellt, was seine Handlungsfähigkeit stark beeinträchtigte (Croitoru 2007: 150f).

Sein Verlust an Kontrolle und die fortschreitende Lokalisierung der Macht wurde bereits im April 2001 deutlich, als er erfolglos die Auflösung der Widerstandskomitees und die Rückkehr der Aktivisten in die regulären Sicherheitsapparate befahl (Usher 2003: 28). In einer letzten Kraftanstrengung versuchte Arafat im Dezember desselben Jahres einen einseitigen Waffenstillstand durchzusetzen, der aber nach drei Wochen zuerst von der Hamas und dann von den AMB gebrochen wurde (Usher 2003: 28). Ab diesem Zeitpunkt hatte sowohl die alte als auch die junge Garde weitgehend die Kontrolle über die lokalen Widerstandsgruppen verloren. Bis zum vollständigen Zusammenbruch im Jahr 2002 behielt die PA aber zumindest einen gewissen Einfluss, da sich die Gruppen weiterhin zum Teil über das Fatah-Klientelsystem finanzierten (ICG 2004b: 24; Yonah 2003: 10f).

---

15 Der Autonomieplan sah mehrere Zonen vor, die in unterschiedlichem Grad von der PA kontrolliert wurden. Die Zonen A und B waren zum Großteil selbstverwaltet, während in der Zone C weiterhin die IDF patrouillierte.

Die Initiative zur Bildung der Al-Aqsa-Märtyrerbrigaden ging mutmaßlich von Bewohnern des Flüchtlingslagers Balata bei Nablus aus, das bereits 1982 die Shabiba-Jugendorganisation hervorgebracht hatte und schon länger als Ort des Widerstandes gegen die Besatzung galt (Johannsen 2006: 226). Die Mitglieder der AMB entstammten entsprechend hauptsächlich dem perspektivlosen Milieu derjenigen, die bei der Ersten Intifada zu jung waren, um danach in die Klientelsysteme des PA-Systems aufgenommen zu werden und ausgeschlossen blieben (Johannsen 2006: 218). Sie wurden wie bereits in der Ersten Intifada häufig schon dadurch mobilisiert, dass die präventive Repression der israelischen Sicherheitsbehörden die Aktivisten in den Untergrund treibt, wo sie sich bewaffneten und organisierten (Bucaille 2004: 121).

Dort kooperierten und konkurrierten sie bald mit Zellen der Al-Qassam-Brigaden, und an der Peripherie des nördlichen Westjordanlands und im südlichen Gazastreifen entstanden hybride Organisationsformen wie die besagten Volkswiderstandskomitees (Johannsen 2006: 230). Wenn auch beispielsweise die politischen Botschaften der AMB eine stark islamistische Tendenz aufwiesen, so wurde die Kluft zwischen den Vertretern der Fatah und Hamas trotzdem nicht überwunden (Frisch 2005: 403). Vielmehr entwickelte sich eine Konkurrenz um die Führungsrolle im Aufstand, die sich ab 2002 deutlich zeigte, als die AMB auch zu dem Instrument des Selbstopfers griff, womit sie in demselben Jahr zunächst zahlenmäßig die Anschläge der Hamas übertraf (Croitoru 2007: 150). Die AMB wurden nun auch politisch aktiv und verfassten eigene, zum Teil widersprüchliche Programmschriften (ICG 2004b: 26).

Eine klare Verschiebung der Machtbalance hin zu den lokalen Milizen wurde durch die groß angelegte israelische Militäroffensive im März 2002 herbeigeführt. In einer konzertierten Aktion wurde beinahe die gesamte Infrastruktur der Autonomiebehörde gezielt zerstört, was zu einem vollständigen Zusammenbruch der protostaatlichen Institutionen führte (Baumgarten 2002: 228). Damit zerfielen auch die Klientelnetzwerke, sodass sich die Milizen neue Geldgeber suchten oder zur Schutzgelderpressung übergingen. Interessierte Geldgeber außerhalb der PA – Hamas, IJ, Hisbollah, Iran – sprangen ein und versorgten die Militanten mit Geld und Waffen (ICG 2004b: 26). Infolgedessen erhöhte sich der Zugriff externer Staaten wie Syrien und Iran auf den palästinensischen Widerstand. Mit dem Zusammenbruch der PA nahmen die Gruppen eine aktive Rolle bei der Sozialregulierung ein und wurden auch politisch aktiver (ICG 2004b: 24). Die reguläre Polizei durfte nach israelischer Weisung keine Waffen mehr tragen und war weitgehend machtlos (ICG 2004b: 20f). Das Justizsystem brach vollständig zusammen, und der Rechtsvollzug wurde von den um die Gebietskontrolle rivalisierenden Gruppen übernommen (ICG 2004b: 18f).

Charakteristisch für die Dynamik, von der diese Gruppen ergriffen wurde, war eine Abfolge aus israelischer Repression, dem Verlust von Führungspersonal, einer inneren Radikalisierung und der verstärkten Manipulation durch lokale Patrone. Durch Verhaftung oder Tötung von Personen des mittleren Managements wurden diese Gruppen ihrer Führung beraubt. Damit riss die Befehlskette und beendete, was noch an Verbindungen zur Fatah-Bewegung bestanden hatte. Die unerfahrenen Aktivisten, die nun in die Leitungsfunktionen aufstiegen, ließen sich leichter manipulieren und bezogen ihre Identität stärker aus dem lokalen Umfeld (Usher 2003: 34). Angewiesen auf finanzielle Ressourcen wetteifern die Gruppen nun um die Gunst von lokalen Patronen und ließen sich in deren Machtkämpfe einbinden, was zu Rivalitäten unter den Gruppen führte (ICG 2004b: 25). So bildeten sich schlussendlich Gangs, die miteinander konkurrierten und zusammen mit lokalen Größen eine neue Herrschaftsstruktur herausbildeten (Usher 2006a: 24).

Mit dem Zusammenbruch der PA schritt auch die Informalisierung der Herrschaftspraktiken weiter voran. Der Apparat hatte schon zu der Zeit, wo er noch wirksam regulierte, auf dem Clansystem beruht. Die lokalen Zweige der Bewegung stellten praktisch Clanorganisationen dar (ICG 2004b: 13f). Der Zusammenbruch der PA bedeutete im Grunde eine Deinstitutionalisierung, durch die als Resultat die Gewaltkontrolle von neuem den Clans zufiel. Ihr System der Blutrache bedeutete aber eine erhöhte Instabilität, da der verschärfte Kampf um die knapper werdenden Ressourcen nicht selten in Clanfehden eskalierte (ICG 2004b: 14). So war die PA selbst nach der Wiederherstellung fortan von Dynamiken bestimmt, die sich dezentral an der Basis entwickelten und in denen die Milizen, lokale Patrone und Clans eine exponierte Rolle spielten (ICG 2004b: 5f).

Der politische Aufstieg der Hamas in dieser Zeit zeigte sich in einer deutlichen Abkehr der Bevölkerung von der Fatah im Zuge der Zweiten Intifada. Erkennbar war eine generelle sozioökonomische Polarisierung in der Unterstützung der beiden Fraktionen, die sich aus der Einbindung in unterschiedliche Fürsorgenetzwerke ergab (Hilal 2006: 6). Die Fatah war auch in geschwächtem Zustand weiterhin eine *„Super-Hamula"* (Hass 2003: 72), über deren Klientelnetzwerke ein Großteil der Bevölkerung versorgt wurde. Entsprechend fanden sich nach der Polarisierung die Anhänger der Fatah vor allem unter den vermögenderen und gebildeten Schichten und denjenigen, die im formalen Arbeitsmarkt der PA beschäftigt waren (Hilal 2006: 10-15). Allgemein verlor die Fatah vor allen Dingen unter den Jüngeren in der Bevölkerung zunehmend an Boden.

5.1.8. 2004-2007: Regierungsverlust und der Weg in den Bürgerkrieg

Die fortschreitende Desintegration der Fatah-Bewegung wurde ab dem Jahr 2004 durch den einseitigen Abzug der IDF aus Gaza, dem Tod Jassir Arafats und die Wahlniederlagen 2004/05 weiter fortgesetzt, was den Verlust eines Teils der Klientelnetzwerke bewirkte und die Milizionierung der Bewegung weiter vorantrieb. So war es nicht verwunderlich, dass es Mitte 2004 bei dem Abzug der israelischen Truppen aus Gaza zu gewaltsamen Auseinandersetzungen konkurrierender Elemente der jungen und alten Garde kam, die sich um die dortige Herrschaft stritten (Shikaki 2004). Warlords und lokale Milizen wandten sich offen gegen den Sicherheitsapparat der PA und verlangten eine Reformierung des von der alten Garde dominierten Systems.

Offiziell hatte Jassir Arafat zwar bereits im Jahr 2003 seine konstitutionell zugesicherte Macht zu einem Großteil auf den Posten des neu geschaffenen Premierministers übertragen. Diese Funktion übernahm Mahmud Abbas, der damit seine Stellung zu stärken versuchte, jedoch an dem Einfluss von Jassir Arafat scheiterte, der im Hintergrund über seine persönlichen Netzwerke weiterhin das Tagesgeschäft bestimmte (Jarbawi/Pearlmen 2007: 11). Nach Arafats Tod wurde Abbas allerdings von der alten Führungsriege unterstützt, die ihn über Wahlen rasch in das Präsidentenamt hievte. Sein Problem war jedoch, nicht über das außerweltliche Charisma Arafats zu verfügen, das mit seinem Träger verschwand. Mit dem Verlust der zentralen Ikone des palästinensischen Nationalismus entstand das Herrschaftsproblem der *„post-charisma transition"* (Jarbawi/Pearlmen 2007: 6). Die Leerstelle der charismatischen Legitimität musste gefüllt werden – eine legal-rationale Legitimität war aber kaum herzustellen.

Der Legitimitätsverlust nach innen äußerte sich vor allem in der Form verschärfter Konflikte um die Neuordnung der Machtverhältnisse innerhalb der Figuration, da der zentrale Patron verstorben war. Mahmud Abbas versuchte, eine Monopolisierung seiner Macht voranzutreiben, wofür er die Milizen entwaffnen und in die Sicherheitsapparate eingliedern wollte. Allianzen aus hohen Fatah-Funktionären und lokalen Milizenführern sperrten sich aber gegen solche Versuche und trachteten danach, ihre gewonnene Machtposition zu behalten (Jarbawi/Pearlman 2007: 14). Bis 2005 wurden entsprechende präsidentielle Dekrete von den Sicherheitschefs und lokalen Milizen missachtet. Mit der PLO bildete sich darüber hinaus ein zweiter Machtpol heraus, da Abbas Rivale Qaddoumi die Rolle des Vorsitzenden übernahm und hierdurch vor allem die Kontrolle über die Auslandsvertretungen der PA besaß, die mit PLO-Personal bestückt waren (Ze'evi 2006: 3).

Infolge der Niederlagen bei den Kommunalwahlen 2004/05 erhöhte sich der Druck auf die Bewegung. Es zeigten sich ernste Spaltungen zwischen Mitgliedern der jungen und der alten Garde, die sich nicht mehr auf gemeinsame Listen einigen konnten und ihre Konflikte gewaltsam austrugen (Usher 2005: 52). Entsprechend geschwächt traten sie bei den Parlamentswahlen im Jahr 2005 an, wo der Erdrutschsieg der Hamas die Fatahbewegung vollkommen paralysierte. Im Gazastreifen übten Milizen des Warlords Mohammed Dahlan demonstrative Gewaltakte aus, um Präsident Abbas unter Druck zu setzen, die Machtübernahme der Hamas zu verhindern und das Klientelsystem zu schützen (Usher 2006a: 27).

Diesem Aufruf folgte Abbas, indem er die zentralen Ministerien für Finanzen und Information sowie die Sicherheitsapparate per Dekret direkt dem Präsidentenamt unterstellte (Usher 2006a: 28). Trotzdem konnte er nicht verhindern, dass er mit der Bildung der Hamasregierung und dem darauf folgenden Versiegen der internationalen Finanzzahlungen die Kontrolle über das Klientelsystem verlor (Knudsen/Eszbidi 2006: 5). Zum Schutz der Fatah-Bewegung trieb er die Milizionierung weiter voran, indem er seine Präsidentengarde verstärkte und Mohammed Dahlan im März 2006 zum Sicherheitschef ernannte, dem fortan alle Sicherheitseinrichtungen in den palästinensischen Gebieten unterstanden (Croitoru 2007: 195-97; ICG 2007: 8). Im Gazastreifen entstand eine Fatah-Miliz, die von Dahlan geführt und deren Kämpfer in Ägypten trainiert wurden. Mit der Einwilligung Israels wurden sie danach zurück in den Gazastreifen geschleust. Damit änderte sich rapide das Machtgleichgewicht im Gazastreifen, da die USA die Fatah-Milizen auch noch zusätzlich mit leichten Waffen ausgestattete (Economist 2007: 43).

5.2. Die Hamas und das Erbe der Muslimbrüderschaft

5.2.1. 1928-67: Existenz im Schatten der Teilung

Die 1987/88 gegründete Hamas stellte eine alte Gruppe dar, die aus der Muslimbrüderschaft (MB) entstand. Die Muslimbrüderschaft wurde 1928 in Ägypten gegründet. Der Palästinakonflikt wurde gleich zu ihrem Beginn zu einem zentralen Symbol in ihrer Ideologie und diente der Mobilisierung, Rekrutierung und weiteren Verbreitung der Bewegung im arabischen Raum (Baumgarten 2006: 17). Freiwillige der MB kämpften sowohl 1936 als auch 1948 auf Seiten der palästinensischen Araber gegen Briten und Zionisten (Abu-Amr 1994: 1f). Im Jahr 1945 gründeten sie einen Zweig der MB in Jerusalem, dem weitere folgten und die Mitgliederzahl bis 1947 auf 20.000 Mitglieder hochschnellen ließ (Baumgarten 2006: 18). Rasch gerieten sie in den Strudel des palästinensischen Nationalismus und politisierten sich in hohem Maße, was sie von ihren religiösen Anliegen zunächst entfernte (Baumgarten 2006: 19).

Nach dem Krieg von 1948 wurde die Organisation der Muslimbrüderschaft getrennt und die beiden Ableger entwickelten sich bis 1967 in unterschiedlicher Weise. Während die MB im Westjordanland eng an das jordanische Regime angebunden wurde und sich moderat äußerte, unterlag die MB im Gazastreifen der Repression der ägyptischen Militärverwaltung und radikalisierte sich zunehmend. Im Westjordanland war die MB zunächst auch den Verfolgungen des jordanischen Regimes ausgesetzt, wurde aber ab den 1950er Jahren von der dortigen Führung gezielt als Gegengewicht zu den Nationalisten und linken Gruppen gefördert (Baumgarten 2006: 22). So integrierte sich die in Muslimbrüderschaft in die jordanische Gesellschaft und betrieb vor allem traditionelle Aktivitäten, ohne eigene politische Projekte voranzutreiben. Durch die enge Anbindung an die Eliten konnte sie sich sehr leicht im religiösen Establishment verankern und wies so eine Mitgliederstruktur mit einem hohen sozioökonomischen Profil auf (Mishal/Sela 2000: 24f).

Im Gazastreifen jedoch war die politische Situation eine vollkommen andere. Ab 1949 wurde die MB von der ägyptischen Regierung mit ersten Repressalien belegt und die Organisation transformierte sich in ein religiöses Zentrum für Bildung und Erziehung (Abu-Amr 1994: 7). Im Jahr 1954 verschärfte sich der Druck infolge des vollständigen Verbotes der MB, woraufhin ihre Mitglieder in den Untergrund gingen. Die Repression radikalisierte die vor allen Dingen aus Flüchtlingen und Studenten bestehende Organisation in hohem Maße (Baumgarten 2006: 28f). Da sich die Führung der Organisation aber nicht dem bewaffneten Kampf gegen Israel anschließen wollte, wanderten zahlreiche Mitglieder zu den anderen politischen Fraktionen ab (Abu-Amr 1994: 10).

Trotzdem war die MB im Gazastreifen gegenüber dem Westjordanland fester in der Gesellschaft verankert. Die Nähe zu Ägypten ermöglichte einen direkten Kontakt zur Mutterorganisation, und junge Palästinenser gerieten auf ägyptischen Hochschulen mit der MB in Kontakt (Abu-Amr 1994: 20f). Durch ihre transnationale Anbindung war die MB damals stärker als alle anderen Gruppierungen dazu in der Lage, finanzielle Unterstützung von Sympathisanten aus dem Ausland und der Mutterorganisation zu erhalten (Abu-Amr 1994: 8). Damit halfen Muslimbrüder, die Not der Bevölkerung zu lindern und erhöhten gleichzeitig ihr Sozialprestige.

5.2.2. 1967-1987: Institutionalisierung und Wachstum der Bewegung

Nach der Wiedervereinigung der beiden Ableger der MB im Jahr 1967 begann die Organisation zu prosperieren. Die Grenzen wurden geöffnet und die Palästinenser konnten problemlos aus dem einen Teil der Besetzten Gebiete in den anderen gelangen. Der spätere Leiter der Hamas, Scheich Jasin, zeigte sich bereits als charismatisch herausragender Führer, der den Ausbau des Netzwerkes der MB in den Gebieten vorantrieb. Aus seiner Unterkunft im Shati-Flüchtlingslager heraus organisierte er die systematische Durchdringung der Gesellschaft durch die Bildung kleiner Zellen von drei Personen, die für eine lokale Präsenz der MB sorgten (Mishal/Sela 2000: 19).

Der Bau von Moscheen stieg drastisch an, sodass sich deren Zahl bis Ende der 1980er Jahre im Westjordanland verdoppelte und im Gazastreifen verdreifachte (Baumgarten 2006: 31). Die meisten dieser neuen Moscheen waren privat und unterlagen nicht der Kontrolle des von jordanischer Seite organisierten religiösen Waqf-Stiftungsbesitzes, der vom „Department of Islamic Endowment" kontrolliert wurde (Mishal/Sela 2000: 21). In den Moscheen konnte die MB ihren Einfluss weiter ausdehnen, da diese Tag und Nacht geöffnet waren und einen Schutz vor den wachsamen Augen der Besatzungsmacht boten. Hier konnten sich die Muslimbrüder ungestört politisch organisieren und neue Mitglieder rekrutieren (Abu-Amr 1994: 14-16). Obwohl die MB dies dementierte, gibt es Hinweise, dass die israelische Besatzungsbehörde die MB durch Zuschüsse zum Moscheenbau förderte (Baumgarten 2006: 32). Auch ansonsten unterlagen die MB nicht den Repressionen, die andere Gruppierungen erdulden mussten, sondern wurden aus dem Kalkül heraus gestärkt, einen Gegenpol zu den säkularen Nationalisten zu schaffen.

Die Institutionalisierung der MB im Gazastreifen begann mit der Gründung des islamischen Zentrums im Jahr 1973. Es wurde 1978 formal von der Militärverwaltung legalisiert wurde und bildete das Hauptquartier der Muslimbrüderschaft (Mishal/Sela 2000: 19). Um ihre Aktivitäten auch öffentlich voranzutreiben zu können, gründeten die Muslimbrüder die islamische Assoziation „Mujamma", die auch über einen geheimen Flügel verfügte (Mishal/Sela 2000: 21). Sie war in sieben Komitees organisiert, die die Arbeitsbereiche religiöse Leitung, Wohlfahrt, Ausbildung, Spendenorganisation, Gesundheit, Sport und rechtliche Mediation umfasste.

Die Mujamma schuf ein immer dichter werdendes Netz aus Sozialeinrichtungen, das den Einfluss der Muslimbrüder in der Gesellschaft stark erhöhen sollte. Wo die Muslimbrüder vormals nur mit neuen privaten Moscheen ihren Einfluss ausweiten konnten, durchdrang die Mujamma bis Mitte der 1980er Jahre fast vollständig die Institutionen des Waqf-Stiftungsbesitzes, welcher Moscheen, Schulen, Krankenhäuser und Sozialfürsorgeeinrichtungen umfasste (Baumgarten 2006: 44). Dabei gelang es jedoch nicht, auch das „Department of Islamic Endowment" zu übernehmen, das weiterhin für die Finanzierung der von der Mujamma kontrollierten Institutionen zuständig war (Mishal/Sela 2000: 22).

Von ihrer wachsenden Macht angespornt versuchte die Mujamma ab Mitte der 1970er Jahre aktiv das Feld der Studentenorganisationen und Berufsverbände zu dominieren. Anhänger der Mujamma wurden aufgefordert, Gewerkschaften, öffentlichen Institutionen und Berufsgenossenschaften beizutreten, wodurch sie rasch die Vereinigungen der Ingenieure, Physiker und Juristen übernahmen (Mishal/Sela 2000: 23). Gerade an den Universitäten rekrutierte die Mujamma diejenigen Mitglieder, die in der Hamas später wichtige Führungspositionen einnehmen sollten (ICG 2004a: 5). So weitete sich in den 1980er Jahren der Kreis der Unterstützer der Mujamma weiter aus und umfasste nun auch Professoren, Intellektuelle und in hohem Maße Studenten (Abu-Amr 1994: 21)

Zulauf von Studenten erhielt die Mujamma vor allen Dingen aufgrund der schlechten wirtschaftlichen Situation in Israel und den Golfstaaten und dem

Aufstieg des politischen Islams in der Region. Entsprechend konnten alle islamischen Gruppierungen in den besetzten Gebieten Anfang der 1980er Jahre ein massives Wachstum verzeichnen (Mishal/Sela 2000: 22). Diese Entwicklung trieb die Mujamma vor allen Dingen dadurch an, dass sie Stipendien für Schulen und Universitäten vergab und damit den armen Bauern- oder Flüchtlingskindern zu einem sozialen Aufstieg verhalf (Abu-Amr 1994: 15). Hierdurch konnte sie nicht nur eine gewaltige Mobilisierung erreichen, sondern im Verlauf der 1980er Jahre auch die islamische Universität in Gaza vollkommen dominieren, da die PLO sich aus Finanzproblemen heraus in immer geringerem Maße am Budget beteiligte (Mischal/Sela 2000: 24). Auch in anderen Universitäten im Westjordanland gewann die Mujamma an Einfluss und versuchte Lehrpläne und Stellenbesetzungen zu beeinflussen. In den 1980er Jahren gelangten auch Personen aus ländlicheren Gebieten an die Universitäten, die aufgrund ihres traditional-religiösen Habitus leicht für den politischen Islam zu gewinnen waren und sich entsprechend militant verhielten (vgl. Mishal/Sela 2000: 25)

Die Grundlage für den wachsenden islamischen Einfluss in den Besetzten Gebieten waren die großzügigen Finanztransfers der Ölstaaten, allen voran Saudi-Arabiens. Nach der Ölkrise 1974 stieg die Summe an „Petrodollars", mit denen islamische Gruppierungen gezielt unterstützt wurden. Die Transaktionen wurden im Fall der Mujamma vor allen Dingen über Jordanien abgewickelt, wo sich schon bald eine eigene Führungsschicht etablierte. Hierdurch entstand eine bedeutende Abhängigkeit, die anfing, das Zentrum der Bewegung aus den besetzten Gebieten nach Jordanien zu verlegen, was später in die entscheidende Kluft zwischen In- und Auslandsführung münden sollte (Mishal/Sela 2000: 22).

In den Besetzten Gebieten selbst beschränkte sich die Inlandsführung jedoch nicht auf die reine Unterstützung der Bevölkerung, sondern begann damit, ihre Herrschaft auszuweiten und das soziale Leben zu regulieren. So wendeten gerade junge Anhänger der Mujamma nicht selten Gewalt an, um ihre islamisch geprägten Normen in der Bevölkerung zu etablieren (Mishal/Sela 2000: 23). Mittels ihrer Tätigkeiten im Bereich der Mediation halfen sie demgegenüber dabei, die entstehenden Konflikte zu dämpfen und professionell zu schlichten. Durch ihr hohes Sozialprestige, welches sie aus dem Ruf der Integrität und Unbestechlichkeit bezogen, nahmen sie immer mehr die Funktion moderner Rechtsprechung ein. Gegenüber der alten Praxis des Gewohnheitsrechts, das den stärkeren Clan bevorzugte, konnten schwächere Parteien durch die Mediation der Mujamma ihre Position deutlich verbessern (Mishal/Sela 2000: 21).

Im Verlauf der 1980er Jahre politisierten sich die Mitglieder der MB in immer stärkerem Maße, da sich die Fatahbewegung nach ihrer Niederlage von 1982 in der Krise befand und mit der iranischen Revolution für Revolutionäre ein neuer Sinnhorizont geschaffen wurde (ICG 2004a: 5f). Der revolutionäre Islam begann als Ideologie über die Strategie der kulturellen Erneuerung zu obsiegen.

Im Jahr 1984 wanderten aufgrund der Untätigkeit der MB Mitglieder ab und gründeten den Islamischen Jihad. Aus Furcht vor einem weiteren Machtverlust rief die Mujamma nun auch zu Demonstrationen gegen die Okkupation auf, ohne jedoch eine direkte Konfrontation anzustreben. Im Geheimen wurde aber schon seit 1982 ein gewaltsamer Widerstand vorbereitet. Man ging dazu über, in verstärktem Maße Führungskräfte zu schulen, Aktivisten zu rekrutieren und Kontakte zu anderen militanten Gruppen zu knüpfen (Hroub 2000: 33). Scheich Jasin schuf den Kern einer militärischen Gruppe, für die Waffen gesammelt und Mitglieder geschult wurden (Baumgarten 2006: 74). Die israelischen Sicherheitsbehörden entdeckten dies aber recht schnell und verhafteten Jasin. Diesem Vorfall wurde aber wohl wenig Gewicht zugesprochen, da die Militärverwaltung die Mujamma weiterhin unbehelligt ließ.

5.2.3. 1987-94: Gründung der Hamas und Militarisierung der Bewegung

Auf den Ausbruch der Intifada reagierte die Mujamma mit der Gründung der Hamas und vollzog damit einen organisatorischen Sprung, indem sie sich von einer Vereinigung zur kulturellen Erneuerung in eine Nationalbewegung transformierte. Die Mujamma gab mit dieser Kehrtwende dem Druck der jungen Militanten nach und verhinderte so einen intergenerationellen Konflikt innerhalb der Organisation, der sich bei der Fatah im Verlauf der 1990er Jahre voll entfalten sollte (vgl. Hatina 2001: 79). Ideologisch bot sie mit ihrer Charta eine Alternative zu dem säkularen Nationalismus der Fatah und setzte diesem eine spezifisch palästinensisch-muslimische Programmatik entgegen (Baumgarten 2006: 44). Damit unterschied sie sich insofern eindeutig von anderen religiösen Bewegungen im Nahen Osten, da sie nun eine sehr stark nationalistische Ausrichtung aufwies.

Bei der Mobilisierung der Bevölkerung ging die Hamas auf Distanz zur PLO-Leitung (UNL) der Intifada, gegen deren 1988 proklamierte Staatsgründung sie opponierte. Dies zeigte sich zunächst in Hamas-Flugblättern, die die Bevölkerung zum Streik aufriefen, und deren Streikzeiten sich klar von denen unterschieden, welche die UNL festlegte (Abu-Amr 1994: 68-71). Gegenüber der PLO hatte die Hamas den Vorteil, dass sie fest in den Besetzten Gebieten etabliert war, das Vertrauen der Bevölkerung genoss und in keine Interessenskonflikte mit der Diaspora oder arabischen Unterstützerstaaten kommen konnte (ICG 2004a: 5f). Darüber hinaus hatten die studentischen Aktivisten in den frühen 1980er Jahren an den Universitäten viel Erfahrung in der Mobilisierung und Organisation von gewaltsamen Protesten gewonnen (Mishal/Sela 2000: 35). Vor allem hatte die Hamas den Vorteil, die Moscheen für ihre politische Organisation verwenden zu können, womit sie im Gegensatz zu der PLO über ein weit gefächertes Netz verfügte, um die Bevölkerung zu organisieren (Abu-Amr 1994: 77).

Während die Organisation der Intifada im Westjordanland klar in der Hand der PLO lag, übernahm im Gazastreifen die Hamas die Führung (Baumgarten 2006: 50f). Die Hamas stieg somit zu einer direkten Rivalin der Fatah auf und wurde zu einer wichtigen politischen Kraft. Mit der grünen Farbe des Islam wurde 1990 eine spezifische Farbsymbolik geschaffen, die sich eindeutig von dem Schwarz der Fatah und dem Gelb der linken Gruppierungen absetzte (Croitoru 2007: 108). Alle politischen Bewegungen außer der Fatah schlossen sich 1991 in der „Ten Resistance Organisation" zusammen, um gegen die Friedensverhandlungen zu opponieren. Hierdurch konnten die linken Gruppierungen sich aber nicht mehr entsprechend von der Hamas absetzen und wurden im weiteren Verlauf vollständig marginalisiert (Hroub 2000: 123). So etablierte sich die Hamas als einzige ernstzunehmende Opposition auf der politischen Bühne Palästinas.

Damit war es kein Wunder, das die Hamas in der Bevölkerung durch die fruchtlosen Verhandlungen, die Fragmentierung der PLO und ihr hohes Sozialprestige bis in das Jahr 1993 gegenüber der Fatah ständig an Boden gewann (ICG 2004a: 5-8). Die vorher betriebene Durchdringung der Gesellschaft wurde weiter vorangetrieben und das Ziel war nun, Gewerkschaften, Handelskammern und Berufsgenossenschaften zu übernehmen (Mishal/Sela 2000: 87). Erfolge konnte die Hamas vor allem durch den Rückzug Jordaniens aus der Organisation des Stiftungsbesitzes verzeichnen, woraufhin sie das entstandene Vakuum füllte (Knudsen 2004: 10). Während der Intifada übte die Hamas auch soziale Kontrolle aus und versuchte, das soziale Leben zu regulieren. So wurden etwa Gerichtsverhandlungen abgehalten und Polizeifunktionen übernommen, um den Verlust der israelischen Infrastruktur zu kompensieren (Hroub 2000: 236).

Trotzdem blieb der Einfluss der Hamas begrenzt. Zum einen war sie lediglich ein ökonomischer Zwerg gegenüber der entwickelten Bürokratie und dem großen Budget der PLO (Abu-Amr 1994: 88). Zum anderen war sie nicht dazu in der Lage, das Verhalten der Bevölkerung über den Kampf gegen Israel hinaus maßgeblich zu beeinflussen: *„Am Strand sitzen Männer und Frauen wie gewöhnlich zusammen, Paare zeigen sich öffentlich und Hamasflugblätter, die das Gegenteil fordern, werden ignoriert"* (Hass 2003: 112).

Die Hamas kam wegen ihrer Attentate 1988 ins Visier der israelischen Sicherheitsbehörden, was nach zahlreichen Verhaftungen eine Reorganisation nötig machte. Die Hamas reagierte zunächst mit einer stärkeren Abschottung ihrer militärischen Zellen untereinander und deren stärkere Eingliederung in eine vertikale Hierarchie, was die einzelnen Gruppierungen jedoch autonomer werden ließ (Mishal/Sela 2000: 56f). Die zweite Verhaftungswelle im Mai 1989 traf die Hamas noch viel verheerender, da infolgedessen Scheich Jasin und viele zentrale Führungskräfte ausfielen und eine Restrukturierung der Bewegung erfolgen musste. Nun füllten hauptsächlich junge und gut ausbildete Technokraten aus dem Ausland die vakanten Posten, von denen viele ein Stipendium der Mujamma erhalten hatten. Ihre Legitimität bezogen sie aus ihren erstklassigen organisatorischen Fertigkeiten und aus der Kontrolle über die Finanzströme aus dem Ausland (Mishal/Sela 2000: 161).

Mit der Auslandsführung, die in den USA und in Jordanien Quartier bezog, kontrollierten erstmals Personen die Bewegung, die in den Besetzten Gebieten nicht mehr direkt verankert waren. Hieraus entstand eine Kluft zwischen der Innen- und Außenführung, die in den folgenden Jahren eine große Rolle spielen sollte (Mishal/Sela 2000: 160f). Die Restrukturierung hatte vor allem eine generelle Hierarchisierung der Bewegung zur Folge und unterstellte den militärischen Arm und die Hamas-Leitung im Gefängnis direkt der Auslandsführung. Diese neue Hierarchie wurde vor allem durch enge persönliche Beziehungen und militante Orientierungen von bewaffnetem Arm und Außenführung gestützt (Mishal/Sela 2000: 161). Der Einfluss der Neustrukturierung als auch die fortschreitende Repression zeigte sich in einer Radikalisierung und Militarisierung der Hamas. So wurde das Jahr 1990 zu einem Wendepunkt, als die Hamas ihre Angriffe auch auf Zivilisten ausweitete und nicht mehr wie vorher auf das israelische Militär beschränkte (ICG 2004a: 7).

Ende 1990 und Anfang 1991 fanden immer wieder Massenverhaftungen statt, die eine Neuordnung und Professionalisierung des militärischen Arms notwendig machten (Mishal/Sela 2000: 64). So wurden die Al-Qassam-Brigaden 1991 in mehreren Flüchtlingslagern des Gazastreifens gegründet, wobei hauptsächlich Personen rekrutiert wurden, die zum Leiter ein verwandtschaftliches oder freundschaftliches Verhältnis hatten (Croitoru 2007: 115). Im Jahr 1992 wurden auch im Westjordanland einige Zellen etabliert. Die Ausrüstung an Waffen war jedoch in den Anfangsjahren erbärmlich, da lediglich zwanzig Maschinenpistolen und ansonsten hauptsächlich Messer zur Verfügung standen (Chehab 2007: 43). Aus diesem Grund wurden Überfälle auf Israelis meist mit dem Messer aus dem Hinterhalt verübt. Aufgrund der hierarchischen und bürokratisierten Organisation und der hohen Professionalität der Mitglieder galten die Al-Qassam-Brigaden als äußerst diszipliniert und folgten generell den Anweisungen der Außenführung (ICG 2004a: 11).

Das Jahr 1992 bot für die Hamas eine einschneidende Erfahrung, als im Dezember hunderte von Mitgliedern von den israelischen Sicherheitsbehörden in den Libanon deportiert wurden. In den Autonomiegebieten und in der Weltöffentlichkeit stieg die Anteilnahme an dem Schicksal der Deportierten, wovon die Hamas profitierte. Hierdurch gestärkt, begannen die Al-Qassam-Brigaden damit, die Fatah in ihrem Mobilisierungsmythos, dem bewaffneten Kampf, herauszufordern (Baumgarten 2006: 84). Die Messerstechereien wichen Schusswechseln mit israelischen Siedlern oder dem Militär. Die Ermordung zweier israelischer Soldaten im Jahr 1989 wurde nun als Gründungsakt der Brigaden proklamiert (Croitoru 2007: 111f). Mythologisch wurde mit der Wahl des Namens für den bewaffneten Arm an die Geschichte des palästinensischen Widerstandes von 1936 angeschlossen. Die Al-Qassam-Brigaden profitierten zusätzlich von den neuen Kontakten zur Hisbollah, die die Deportierten im Libanon knüpfen konnten (Mishal/Sela 2000: 66). Strategien und Techniken der Hamas glichen sich bis 2007 immer stärker denen der Hisbollah an.

Infolge der Deportationen wurde das Politbüro nach Amman verlegt und die diplomatische Offensive in der Region verstärkt. Repräsentanten wurden nach Jordanien, Libanon, Libyen, Katar, Saudi-Arabien, Sudan, Syrien und in den Jemen entsandt (Hroub 2000: 154). Der Iran unterstützte die Hamas seit dem Ausbruch der Intifada, und Hamasvertreter nahmen 1991 an einer iranischen Gegenkonferenz zum Friedensprozess teil (Hroub 2000: 178). Dass die Hamas 1992 ein Büro in Iran eröffnete und damit diese Allianz vertiefte, führte zu internen Konflikten (Mishal/Sela 2000: 97f). Eine Minderheitsfraktion, die der inneren Führung entsprang, wollte einen steigenden auswärtigen Einfluss verhindern und die Anbindung an die Bevölkerung in den Gebieten erhalten. Sie wurde jedoch von der Mehrheit der Außenführung überstimmt, die eine Islamisierung des Konfliktes durch diese Allianz vorantreiben wollte.

Dass die internen Konflikte nicht eskalierten, hatte mit der modernen und professionellen Entscheidungsfindung des Politbüros Hamas zu tun. Die Auslandsführung dominierte zwar, jedoch wurden sowohl die Gefängnisführung als auch die Führung aus den Gebieten selbst mit in den Prozess einbezogen (ICG 2004a: 10). Die Hamas besaß eine Tradition der internen Debatte und Kritik, wodurch Mitglieder generell von der offiziellen Linie abweichen konnten, ohne Repressalien erleiden zu müssen (Klein 2007: 445-450). Die Entscheidungsfindung orientierte sich trotz der radikalen Agenda hauptsächlich an Machtkalkülen, wie ein internes Strategiepapier aus dem Jahr 1992 zeigt (Mishal/Sela 2002: 5-12). Auch das Für und Wider eines Gewalteinsatzes wurde sorgsam abgewägt. Grund für diese Konsenskultur war das Sozialprofil seiner Mitglieder. Aus den Flüchtlingslagern stammend waren die Hochschulabsolventen klassische soziale Aufsteiger und schätzten somit eine egalitäre und konsensuale Führung (vgl. Johannsen 2006: 221). Schon zur Gründungszeit bestand der harte Kern der Hamas nicht aus Personen mit religiösem Hintergrund, sondern setzte sich aus dreißigjährigen Akademikern mit vornehmlich technischen Berufen zusammen (Mishal/Sela 2000: 37). Sie entstammten demselben Sozialmilieu und hatten schon im islamischen Zentrum Führungspositionen bekleidet (Knudsen 2004: 4).

Außer dem Exekutivkomitee des Politbüros gab es noch einen zwölfköpfigen religiösen Beirat, der nicht von Palästinensern besetzt wurde und hauptsächlich aus geistlichen Würdenträgern bestand (Mishal/Sela 2000: 161). Dieser Rat bildete die religiöse Autorität der Bewegung und bot durch dessen moralische

Rechtfertigungen eine Form von traditionaler Legitimität für die Handlungen der Hamas. In seiner beratenden Funktion unterstützte er das Politbüro bei der Strategiefindung. Die Bewegung wies darüber hinaus ein gewisses Maß an interner Differenzierung auf, das auf eine hierarchisch-bürokratische Organisationsform schließen lässt. So waren dem Politbüro die Abteilungen Politik, Information, Außenamt und Amt für Sozialeinrichtungen in den Besetzten Gebieten unterstellt (ICG 2004a: 10). Zur Kontrolle der Aktivitäten in den Gebieten wurde ein Koordinierungsbüro für Gaza und Westbank und eine administrative Einheit eingerichtet (Mishal/Sela 2000: 162).

5.2.4. 1994-1997: Opposition zur Autonomiebehörde

Während der Zeit des Friedensprozesses wurde der politisch-militärische Apparat der Hamas schwer beeinträchtigt, sodass es im Jahr 1997 zu einer Abwendung vom militärischen Kampf und eine Hinwendung zum primär sozialen Engagement kam (Roy 2003: 14f). Angesichts der politischen und ökonomischen Kosten des gewaltsamen Widerstandes büßte die Hamas auch ihre vorherige Unterstützung in der Bevölkerung ein (Hilal 2006: 7). Mit den ersten Erfolgen des Friedensprozesses hatte die Hamas viel von ihrer Legitimität verloren. Junge Mitglieder desertierten aufgrund der sich abzeichnenden Niederlage gegenüber der stärker werdenden PA.

Die Hamas sah sich in der Legitimität ihrer Gewaltstrategie mit mehreren Dilemmata konfrontiert, die im Innern wie nach außen die Konflikte verschärfte. Das Dilemma nach außen bestand darin, dass sich die Fatah in einen als legitim angesehenen Staatsverband transformiert hatte. Die Milizen der Fatah wurden damit zu offiziellen Polizeiverbänden und waren nicht nur durch ihre breitere Finanzbasis unangreifbar, sondern auch als Verteidiger der palästinensischen Nation geschützt. In ihrer Kritik unterschied die Hamas entsprechend peinlichst genau zwischen den Polizisten als Personen und der Polizei als Institution (Baumgarten 2006: 120f). Während die Repression letzterer angeprangert wurde, bezeichnete man erstere bei ihrem Einzug als *„unsere Brüder"* (Hroub 2000: 55). Die Bekräftigung der gemeinsamen Wir-Identität diente so auch dem Schutz der eigenen Fraktion vor innerpalästinensischer Gewalt. Da Israel als gemeinsamer Feind in die palästinensische Identität eingeprägt war, konnte der Kampf hier hingegen fortgesetzt werden. Erfolgversprechend war dies insofern, als dass über dessen repressive Gegenmaßnahmen die mangelnde palästinensische Souveränität und damit die fortdauernde Herrschaft Israels aufgezeigt werden konnte.

Nach innen verschärfte die Gewaltfrage den Konflikt zwischen der Inlandsführung und dem militärischen Arm, der von der Auslandsführung gestärkt wurde (Mishal/Sela 2000: 77). Erstere befürwortete eine Legalisierung und Abkehr von der Gewaltstrategie, während letztere deren Fortführung durchsetzen wollte. Die Spannung ergab sich hauptsächlich aus der Furcht der beiden Fraktionen vor dem eigenen Machtverlust. Die Inlandsführung war hauptsächlich an den Willen der lokalen Bevölkerung gebunden. Die Mitglieder des militärischen Flügels wären aber durch eine Legalisierung entmachtet und der Möglichkeit der Akkumulation von Kriegercharisma beraubt worden.

So erklären sich auch die unterschiedlichen Präferenzen in der Gewaltanwendung. Während für die politische Führung hauptsächlich die Legitimität von Anschlägen im Vordergrund stand, wurde von der militärischen Führung stärker auf die operationelle Effizienz und Durchschlagskraft Wert gelegt (Gunning 2004: 236). Mit einer Fortführung der Gewalt riskierte die Hamas, den Rückhalt in der Bevölkerung zu verlieren, wohingegen die Niederlegung der Waffen den inneren Zusammenhalt gefährdet hätte (Mishal/Sela 2000: 47). Eine Verselbständigung des militärischen Flügels oder die Abwanderung militanter Mitglieder hätten das Ergebnis sein können (vgl. Mishal/Sela 2000: 107).

Die Befürworter der Gewaltstrategie setzten sich zwischen 1994 und 1997 durch. Es ist aber nicht ganz klar, wie viele der Selbstopferungsanschläge das Resultat eines direkten Befehles der militärischen Führung und wie oft sie autonome Vergeltungsschläge waren (Mishal/Sela 2000: 72f). Wenigstens ein Fall ist bekannt, bei dem sich eine Subeinheit der der Al-Qassam-Brigaden verselbständigte (Mishal/Sela 2000: 76). So wurde als Reaktion auf die Ermordung des zentralen Führungsmitglieds und „Ingenieurs" Yahya Ayyash im Frühjahr 1996 eine Serie von Selbstopferungsanschlägen verübt, die offensichtlich nicht von oben angeordnet waren, sondern dem Umfeld des Leiters entstammten. Die Radikalisierung des militärischen Arms war damit zumindest auch eine Reaktion auf die Politik der Attentate seitens der israelischen Sicherheitskräfte. Möglich ist aber auch, dass Iran seinen Einfluss auf die Außenführung und den militärischen Flügel ausweitete. So ist bekannt, dass die iranische Regierung seit geraumer Zeit Mitglieder der Al-Qassam-Brigaden ausbilden und mit Sprengstoff versorgen ließ (Croitoru 2007: 135f). Auch die militärische Führung soll dort und in Syrien Quartier bezogen haben (Karmon 2000: 72).

Bis Ende 1997 wurde aber nicht ausschließlich eine militärische Strategie verfolgt. Die Verankerung der Bewegung in der Gesellschaft erforderte, dass ebenso die gemeinnützigen Dienstleistungen weitergeführt wurden, da auf ihnen das Prestige und die soziale Stellung der Hamas beruhten. So wurde ein Großteil der Einnahmen auf diese Zwecke verwandt. Nach Schätzungen bezog die Hamas etwa 15 Prozent ihres Budgets in Höhe von 40-70 Millionen über die muslimische Zakat-Steuer direkt aus den Besetzten Gebieten selbst und leitete 95 Prozent davon sofort weiter an die Sozialeinrichtungen (ICG 2003: 13). Die Eigentümlichkeit der Finanzierung aus den lokalen Steuermitteln erzeugte den entscheidenden Imperativ, dem sich die Bewegung aus ihrem Eigeninteresse[16] heraus zu unterwerfen hatte.

Durch ihre Finanzierung über Spenden war die Hamas an die im Islam herrschende Brüderlichkeitsethik gebunden, die eine Veruntreuung der Gelder förmlich verbot und einen effizienten und professionellen Mitteleinsatz erforderlich machte (vgl. Johannsen 2006: 222). Aus diesem Grund wurde die Sozialfürsorge auch nicht für die politische Mobilisierung und Rekrutierung instrumentalisiert, da dies direkt dem Prestige und der Legitimität der Bewegung geschadet hätte. Die Kassen des militärischen Teils wurden streng von denen der Sozialfürsorge getrennt (Knudsen 2004: 12). So ist es auch nicht verwunderlich, dass diese Aktivitäten hauptsächlich in den Moscheen stattfanden, wohingegen die Mittelvergabe in den Sozialeinrichtungen an das Kriterium der Bedürftigkeit und nicht etwa an politische oder religiöse Nähe gebunden war (vgl. Baumgarten 2006: 132) Während so die Fatah im Klientelsystem der PA Korruptionsvorwürfen ausgesetzt war, konnte die Hamas durch ihre Uneigennützigkeit die *„Verallgemeinerungsprofite"* (Bourdieu 1998: 154) einfahren. Um aber in dieser Weise dauerhaft symbolisches Kapital[17] anzuhäufen, musste sie ein hohes Maß an Professionalität und Disziplin bewahren.

5.2.5. 1997-2000: Abkehr von der Gewaltstrategie und Neuausrichtung

Nach den schweren Anschlägen der Hamas im Jahr 1996 sah sich die PA gezwungen, härter gegen sie vorzugehen. Sie hatte nach den erfolgreichen Wahlen hierzu auch den nötigen Rückhalt in der Bevölkerung. Somit wurden in einer groß angelegten Aktion hunderte Aktivisten verhaftet und zahlreiche Sozialeinrichtungen geschlossen. Hiervon geschwächt und mit ihrer militärischen Strategie von der Bevölkerung abgestraft, zog sich die Hamas auf ihr traditionelles Feld der Sozialfürsorge zurück. Es wurden zwar noch einige Anschläge durchgeführt, diese waren aber selten erfolgreich und stellten keine offizielle Strategie mehr da (Mishal/Sela 2000: 78-81). Stattdessen wurde stärker auf das Mittel

---

16　*Das Eigeninteresse beruht hier nicht auf rationalen Kosten-Nutzen-Kalkülen, sondern ergibt sich aus der Zugehörigkeit zu einem spezifischen sozialen Feld (Bourdieu 1998: 140-151). Das Interesse ergibt sich aus den Spielregeln, die in diesem Feld herrschen. Ist der Erfolg in einem Feld nur über die Zurschaustellung von Uneigennützigkeit möglich, so wird entsprechend selbstlos gehandelt. Dies muss aber nicht unbedingt eine bewusste Entscheidung sein, sondern die Strategie wird häufig intuitiv vom Habitus verfolgt.*

17　*Bourdieu unterscheide zwischen dem ökonomischen, sozialen und kulturellen Kapital, die in ihrer Konzentration die Machtstellung der Individuen im sozialen Raum definieren. Die Anerkennung dieser Machtposition wird aber durch das symbolische Kapital hergestellt, das als eine Art Metakapital immer an eine der anderen Kapitalformen gebunden ist (vgl. Bourdieu 1998: 108). Symbolisches Kapital muss von anderen zuerkannt werden und äußert sich dann in dem tatsächlichen Prestige der Kapitaleigentümer. Daher lässt es sich am besten durch Handlungen steigern, die der Allgemeinheit zugute kommen, wie etwa in Form karitativer Betätigungen.*

der gewaltlosen Demonstration gesetzt, um etwa gegen Inhaftierungen von Hamas-Mitgliedern zu protestieren (Croitoru 2007: 140f).

Ein wichtiger Grund hierfür war vor allem die Stärkung der Inlandsführung durch die Freilassung Scheich Jasins aus israelischer Haft. Gleich nach seiner Entlassung bereiste er Syrien, Iran, Sudan und die Golfstaaten und übernahm so die Federführung in den Auslandskontakten der Hamas. Hierdurch wurde das Zentrum der Hamas von der Außenführung wieder in die Besetzten Gebiete verlegt, was eine stärkere Orientierung der Politik an der Stimmung in der Bevölkerung zur Folge hatte (vgl. Mishal/Sela 2000: 112). Darüber hinaus zerschlugen jordanische Behörden im September 1999 in einer großen Aktion die Auslandsführung in Amman und verhafteten den Chef des Politbüros Khalid Meshal (Croitoru 2007: 142f). Zwar wurden die Aktivitäten bereits im Februar 2000 in Damaskus wieder aufgenommen, jedoch war dieser Schlag zunächst ein Gewinn für das Gewicht der Inlandsführung unter Scheich Jasin.

Unter seiner Federführung wurden die Kernbereiche der Sozialfürsorge weiter ausgedehnt und neue Tätigkeitsfelder in Erziehung, Ausbildung, der Gesundheitsversorgung und im Wirtschaftssektor erschlossen (Roy 2003: 16). Entsprechend wurden erstens Kindergärten und Schulen immer häufiger von islamischen Organisationen betrieben. Zweitens entstanden neben der regulären Gesundheitsversorgung hochprofessionelle und spezialisierte Fachkliniken. Und drittens wurde ein islamisches Netzwerk von Banken und Investmentgesellschaften geschaffen. Überall waren islamische Organisationen am Werk, die jedoch weiterhin unter der Aufsicht der PA-Administration standen. Trotzdem war ihr Einfluss beträchtlich, da sie hochprofessionell arbeiteten und soziale Schichten erreichten, die zuvor vernachlässigt worden waren (Roy 2000). In vielen Fällen war die politische Zugehörigkeit dieser Einrichtungen nicht eindeutig festzustellen (Baumgarten 2006: 133). Die Präsenz der Hamas im sozialen Sektor war jedoch deutlich sichtbar.

5.2.6. 2000-2004: Wiederaufnahme des bewaffneten Kampfes

Die schnelle Radikalisierung und Militarisierung im Zuge der Zweiten Intifada zog nicht nur eine Rückkehr der Hamas zu ihren militanten Wurzeln nach sich, sondern verschob auch die Machtbalance von der Fatah-Führung hin zur Hamas (Roy 2003: 17-20). Es zeigte sich eine immer stärkere sozioökonomische Polarisierung im Profil der Unterstützer der beiden Bewegungen, wobei die marginalisierten Personengruppen mehrheitlich hinter der Hamas standen (Hilal 2006: 10-15). Diejenigen, die außerhalb des Klientelsystems der Fatah blieben und auf die islamischen Sozialeinrichtungen angewiesen waren, unterstützten die Hamas. Dies waren vor allem Studenten, Arbeitslose und Hausfrauen. Während die Hamas vor der Zweiten Intifada stärker bei gebildeten Personen Anklang fand, wiesen nach 2000 die meisten Befürworter der Bewegung immer häufiger lediglich eine geringe oder überhaupt keine formale Bildung auf.

In dem Maße, wie die PA durch innere und äußere Einwirkungen an Handlungsfähigkeit verlor, füllte die Hamas die entstehenden Leerstellen in der Versorgung der Bevölkerung. Es wurde immer deutlicher, dass sich die Hamas in den Vorjahren eine parastaatliche Infrastruktur geschaffen hatte, durch die sie in der Lage war, der PA wirksam Konkurrenz zu bereiten (Croitoru 2007: 166). Im Gazastreifen sorgte nun hauptsächlich die Hamas für die öffentliche Sicherheit (Milton-Edwards/Crooke 2004: 41).

Schließlich führte auch die neue israelische Politik der gezielten Tötungen zu einer Stärkung des militärischen Flügels. Dieser konnte seine Operationen als Vergeltung legitimieren und konkurrierte mit den neu geschaffenen Al-Aqsa-Märtyrerbrigaden über immer spektakulärere Selbstopfer um das Kriegercharisma. Infolge der allgemeinen Radikalisierung gelang es der Hamas durch ihre Anschläge, ihre islamische Märtyrerfigur in der Gesellschaft zu einem Leitsymbol des Widerstandes gegen die israelische Repression zu machen (Bucaille 2004: 139). Während die Al-Qassam-Brigaden zunächst hinter den Al-Aqsa-Märtyrerbrigaden zurückstanden, konnten sie 2002 mit dem Einsatz der neuartigen Qassam-Kurzstreckenraketen wieder die Führungsrolle im Kampf gegen Israel einnehmen (Croitoru 2007: 150). Im Allgemeinen zeichnete sich organisatorisch, militärisch und politisch eine Annäherung an die Strategie der Hisbollah an, was sich jetzt auch in der Befürwortung von Wahlen zeigte.

5.2.7. 2004-2007: Regierungswechsel und der Weg in den Bürgerkrieg

Wie auch die Fatah verlor die Hamas im Jahr 2004 durch die Ermordung Scheich Jasins ihre zentrale Führungsfigur. Die beiden israelischen Luftschläge auf Scheich Jasin und seinen Nachfolger Rantisi im Frühjahr 2004 verschafften der Hamas eine Welle an Sympathie aus der Bevölkerung, wodurch sie zur populärsten Bewegung aufstieg. Hierzu trug auch die Wahrnehmung bei, dass die Eliten der Hamas sich räumlich und sozial näher an dem Rest der Bevölkerung orientierten, wohingegen den hohen Beamten der Autonomiebehörde ihr luxuriöses Leben angelastet wurde (Hroub 2004: 21f). Auf dem Zenith ihrer Macht angekommen sah sich die Bewegung durch die von Präsident Abbas angekündigten Parlamentswahlen bedroht, da die PA 1996 ihre durch den Wahlsieg gesteigerte Legitimität zu einer teilweisen Zerschlagung der Hamas genutzt hatte.

Im Bezug auf die von Abbas vorangetriebenen Wahlen gab es nun eine diplomatisch-pragmatische Position und eine extremistische Position (Klein 2007: 446f). Erstere wurde von der Führung in den Gebieten vertreten, die die Hamas voll in den politischen Apparat zu integrieren versuchte. Letztere Position nahmen der militärische Flügel und die äußere Führung ein, die weiterhin auf eine militärische Strategie setzten und den Preis der Politisierung nicht tragen wollten. Problematisch für die Inlandsführung war, dass das Machtzentrum mit der Ermordung ihrer wichtigsten Leiter wieder in Richtung der Auslandsführung in Damaskus verschoben wurde (Hroub 2004: 32). Die Bedenkenträger konnten jedoch überzeugt werden, dass eine Nichtteilnahme an den Wahlen bedeutend gefährlicher wäre als das Risiko einer politischen Integration. Der unilaterale Abzug der israelischen Streitkräfte aus dem Gazastreifen ermöglichte hier ein Einlenken, da die Radikalen diesen als Erfolg ihrer militärischen Strategie darstellen konnten. Um die Kontrolle über die weitere Entwicklung nicht zu verlieren, ließen sich zahlreiche Führungskräfte der Hamas neben einigen Leitern aus den Sozialeinrichtungen aufstellen (Klein 2007: 446f).

Was nun folgte, waren Erdrutschsiege der Hamas sowohl bei den Kommunalwahlen 2004/05 als auch bei den Parlamentswahlen 2005. Diese waren angesichts der Popularität der Hamas und der zunehmenden Desintegration der Fatah nicht verwunderlich. So überzeugte die Hamas vor allem durch ihr hochprofessionelles und diszipliniertes Wahlkampfteam, dem die innerlich zerstrittene Fatah kaum etwas entgegensetzen konnte (Baumgarten 2006: 168). Bei den Kommunalwahlen zeigte sich, dass die Fatah zwar in ländlichen Bezirken gut dastand, in den städtischen Zentren und im Gazastreifen jedoch vollständig von der Hamas geschlagen wurde (Baumgarten 2006: 132).

In den Parlamentswahlen erhielt die Hamas die absolute Mehrheit und konnte so die Regierung bilden. Nach anfänglichen Querelen, die sich auch gewaltsam äußerten, wurde der als moderat geltende Nachfolger des ermordeten Hamasführers Rantisi, Ismail Hanija, im Februar 2006 mit der Regierungsbildung betraut. Durch die Regierungsverantwortung stand die Hamas nun auch in der Pflicht, eine Legitimität gegenüber der Weltöffentlichkeit aufzubauen. Neuere Dokumente wie das Wahlkampfprogramm oder Regierungserklärungen vom März 2006 zeigen, dass weniger auf religiöse Symboliken und Diskurse verwiesen wurde und sich die Programmatik stärker an bürgerlichen Normen wie Demokratie, Gewaltenteilung und Rechtsstaatlichkeit orientierte (Hroub 2006: 18-23).

Hier war bereits klar der Zwang der Weltgesellschaft zu erkennen, die wenigstens eine formelle Unterwerfung unter die bürgerlichen Normen einforderte. Da die Hamas diesen Schritt aber nicht länger vorbereiten konnte, die neuen Dokumente so gut wie nicht wahrgenommen wurden und bereits ein Mangel an Außenlegitimität bestand, boykottierten alle entscheidenden Mächte wie Israel, die USA, die Europäische Union und die Staaten der Arabischen Liga die neue Hamas-Regierung. Hierdurch konnte diese nicht länger auf die externen Geldleistungen zurückgreifen, die vorher an die Autonomiebehörde ausgezahlt worden waren. So blieb lediglich Iran übrig, der die Bewegung großzügig mit Geldmitteln ausstattete (Croitoru 2007: 197). Dies erhöhte aber drastisch dessen Zugriff auf die innerpalästinensische Politik.

Der generelle Mangel an Ressourcen wurde von einer innenpolitischen Blockade begleitet, da Präsident Abbas die Kontrolle über die wichtigsten Ministerien behielt. Trotz des Präsidentenvetos baute die Hamas die ihr unterstellte Autonomiepolizei zu einer eigenständigen Miliz aus. (Croitoru 2007: 195-197). Die Hamas verlor rapide an Rückhalt in der Bevölkerung, welche immer weniger einen Unterschied zwischen den beiden Gruppen erkennen konnte und von der allgemeinen sozioökonomischen Entwicklung enttäuscht war (ICG 2007: 10). Die Hamas war mit demselben Transformationsproblem konfrontiert, wie es die Fatah 1994 auf sich hatte zukommen sehen. Einerseits bezog die Bewegung ihre Legitimität aus dem bewaffneten Widerstand, den sie aber in der Regierungsposition nicht mehr fortführen konnte. Andererseits wurde die Regierungsführung dadurch erschwert, dass die Verhandlungen mit der Opposition außerhalb tragfähiger Institutionen dauernd auf den Einsatz von Gewaltmitteln hinausliefen.

So verlor die Hamas ihre Legitimität als Widerstandsorganisation, ohne sich über eine erfolgreiche Regierungsführung profilieren zu können (vgl. ICG 2007: 10). Sie litt ähnlich wie die Fatah, aber in geringerem Maße, an einer zunehmenden internen Erosion. Die alte Kluft zwischen Inlands- und Auslandsführung wurde infolge der Übernahme politischer Verantwortung diffuser, da sich nun auf jeder Seite Pragmatiker und Radikale gegenüberstanden (Klein 2007: 449). Die Führungsmitglieder widersprachen sich in ihren Verlautbarungen und an der Basis wurde zunehmend die Gesamtstrategie in Frage gestellt (ICG 2007: 10). Für die politischen Führer wurde es schwieriger, die Kontrolle über die Militanten des militärischen Flügels zu bewahren (Klein 2007: 449).

Der Weg in den Bürgerkrieg war letztlich auf diese Autonomisierung des militärischen Flügels und das Sicherheitsdilemma (siehe Kapitel 6.6) zurückzuführen, das sich durch die Aufrüstung der Fatah-Milizen durch die USA verschärfte. In der Autonomisierung sind klare Parallelen zu der Entwicklung der Al-Aqsa-Märtyerbrigaden zu erkennen. Auch bei den Al-Qassam-Brigaden verschwand im Zuge der israelischen Politik der Verhaftung und Ermordung das mittlere Management, was die Befehlskette zwischen Basis und Führung unterbrach (ICG 2007: 13). So ergab sich die Übernahme des Gazastreifens durch die Hamasmilizen vermutlich nicht aus politischen Erwägungen, sondern entwickelte sich aus der dortigen Konfliktdynamik zwischen den lokalen Gruppen beider Fraktionen (ICG 2007: 13).

Nach der gewaltsamen Übernahme des Gazastreifens versuchte die Hamas sofort, die Gebietskontrolle herzustellen und ein Gewaltmonopol zu etablieren. Systematisch wurde das Sicherheitspersonal der Autonomiebehörde überprüft und entwaffnet und die Macht anderer Gruppe und widerstrebender Clans gebrochen (ICG 2007: 18). Zusätzlich fing die Hamas an, eine stärkere Kontrolle über die Bevölkerung auszuüben (ICG 2007: 19). Im Zuge dessen ging die

Kriminalität zurück, jedoch wurden auch Fatah-nahe Fernseh- und Radiostationen geschlossen. Eine generelle Islamisierung wurde von der Führung jedoch nicht vorangetrieben. Vereinzelte Übergriffe gab es, diese beeinflussten aber kaum das Verhalten der Bevölkerung (Loewenstein 2007: 30).

6. Analyse der Dynamiken im Handlungsfeld der Gewalt

6.1. Gewalt zwischen Studentengruppen (1980–1987)

Seitdem sich in den 1950er Jahren die ersten Muslimbrüder der Fatah anschlossen, gab es Spannungen zwischen den Gruppen (Abu-Amr 1994: 28). Akut wurden diese aber erst mit der Ausweitung der Herrschaft durch beide Gruppen im Rahmen der generellen Mobilisierung und Politisierung der palästinensischen Gesellschaft in den Besetzten Gebieten der 1980er Jahre. Ab Mitte der 1970er Jahre erhöhten sich die finanziellen Zuwendungen an beide Gruppen, wodurch sie ihre Aktivitäten ausweiten konnten. Gewaltsame Konfrontationen ergaben sich vor allem an den Universitäten, wo die beiden Bewegungen primär ihre Mitglieder rekrutierten. Die Universitäten waren erst Anfang der 1970er Jahre als Reaktion auf die weltweite Bildungsexpansion und die Abweisung palästinensischer Studenten an ägyptischen Bildungseinrichtungen geschaffen worden.

Zusammen mit den Gefängnissen bildeten die Universitäten die primäre Sozialisationsinstanz für den Eintritt in eine der politischen Bewegungen. Da die Muslimbrüder nicht der israelischen Repression unterlagen, waren sie bis zur Gründung der Hamas recht selten in Gefängnissen anzutreffen und konnten daher dort nicht mit Aktivisten der Fatah zusammenstoßen. Die Militanz der Studenten an den Hochschulen erhöhte sich Anfang der 1980er Jahre, da eine neue Generation hineinströmte, die vollständig unter der israelischen Besatzung aufgewachsen war. Eine politische Betätigung innerhalb der beiden Fraktionen war ihre Antwort auf die als Fremdherrschaft wahrgenommene Besatzung.

Die Universitäten waren aber nicht nur Sozialisationsinstanzen, sondern auch die zentralen Institutionen der symbolischen Reproduktion, in denen sich der Kampf um die Definition der palästinensischen Identität vollzog. Die Besetzten Gebiete kamen erst später in den Sog dieser Transformation, da die palästinensische Nationalbewegung zunächst nur in der Diaspora aktiv wurde und ausschließlich dort ihre Institutionen ausbildete. Die Bildungsinstitutionen stellten damit wie auch anderswo den zentralen Ort der Reproduktion der symbolischen Ordnung dar (vgl. Bourdieu 1998: 107). Hier wurde die Wir-Identität der palästinensischen Gemeinschaft geschaffen und über mythische Konstruktionen etwa in Form einer gemeinsamen Nationalgeschichte definiert. Über diese Definition wurden gesellschaftliche Machtpositionen legitimiert, unterminiert und ausgebaut. Dem generellen weltgesellschaftlichen Trend der Islamisierung des Nahen Ostens folgend versuchten die Muslimbrüder ihre Machtposition in der Gesellschaft auszuweiten und machten die Universitäten zu ihrer wichtigsten Kampfzone. Die Islamisierung der Universitäten war deswegen so wichtig, weil dort die symbolische Herrschaft der Muslimbrüder auch für die Zukunft abgesichert werden konnte.

Entsprechend manifestierte sich der Konflikt gerade in den Fragen der Curricula und der Besetzung von Stellen – beides Instrumente, um die Universität als prägende Institution und damit die zukünftigen Generationen von Studenten zu beeinflussen. Aktivisten beider Bewegungen versuchten sich über die Referenz zur imaginierten Gemeinschaft wechselseitig zu delegitimieren, was immer wieder gewaltsam eskalierte. Zwischen 1981 und 1986 fanden an allen Universitäten zahlreiche gewaltsame Zusammenstöße zwischen studentischen Aktivisten der Fatah und der MB statt (Abu-Amr 1994: 43-46). Da die MB im Gazastreifen besonders stark war, eskalierten die Auseinandersetzungen um die islamische Universität in Gaza besonders heftig, und es wurden wechselseitig Dozenten und Studentenführer ermordet (Abu-Amr 1994: 46).

Die MB konnte aber 1986 die Universität in Gaza vollständig übernehmen, nachdem die Zahlungen der PLO immer spärlicher geworden waren. An anderen Universitäten fanden ähnliche Kämpfe statt. An der Universität in Bir Zeit waren sie besonders scharf, da sie eine Bastion der säkularen Nationalisten darstellte. Zusammenstöße ereigneten sich etwa während der (Trauer-) Feierlichkeiten des ersten Jahrestages nach der israelischen Invasion in den Libanon (Abu-Amr 1994: 43f). Als ein allgemeiner Trend war zu beobachten, wie die Muslimbrüderschaft über diese Auseinandersetzungen in einen Politisierungssog geriet, der die Spannungen in einen Konflikt um die nationale Hegemonie transformierte. In der Auseinandersetzung mit der säkular-nationalistischen Fatah waren die jungen Muslimbrüder dazu gezwungen, ihre Legitimität gleichermaßen über die Referenz zur Nation herzustellen. Sehr wahrscheinlich sorgten gerade die gewaltsamen Übergriffe für eine Festigung der Gruppengrenzen, da die Gewalt die Wahrnehmung des Gegners als das spezifisch Andere verstärkte und die Mitglieder der eigenen Gruppe zusammenrücken ließ. Der auf wechselseitigen Interaktionen beruhende Aufbau der Fraktionen und die Festigung ihrer Grenzen stellten somit den Beginn der Stufe des Konfliktes dar.

6.2. Offene Konkurrenz um die Bevölkerung (1987–1990)

Mit dem Ausbruch der Intifada wandelte sich die Herrschaftsstruktur in den Besetzten Gebieten. Die vorherige intermediäre Herrschaft der israelischen Besatzung, die über Kollaborateure und lokale Notabeln die Gesellschaft kontrollierte, zerfiel im Zuge der Mobilisierung der ganzen Gesellschaft. Die Muslimbrüderschaft wurde durch die Gründung der Hamas vollends zu einer Nationalbewegung mit politischen Zielen. Spätestens mit der Veröffentlichung ihrer Charta im Jahr 1988 war die Hamas als eine Bewegung des nationalen Widerstandes zu erkennen. Damit positionierte sie sich in direkter Konkurrenz zur PLO, die einen palästinensischen Staat ausrief und eine zentrale Leitung zur

Koordination der Intifada einrichtete. Die Hamas stellte aber diesen nationalen Alleinvertretungsanspruch mit autonomen Streikaufrufen in Frage. Beide Nationalbewegungen zweifelten wechselseitig die Legitimität der anderen an und wollten sich bis 1990 nicht als solche anerkennen. Bis zu ihrer Restrukturierung im Jahr 1990 befand sich die Hamas noch in der Transformationsphase und wurde von der PLO nicht so recht ernst genommen. Im Hintergrund weiteten aber beide Gruppen ihre Herrschaftsnetzwerke in der Bevölkerung aus und gliederten deren unterschiedliche Gruppen an die eigene Fraktion an.

Die gegenseitige Nichtanerkennung und Konkurrenz um die Hegemonie in der Bevölkerung eskalierte daraufhin gewaltsam in den israelischen Gefängnissen und auf der Straße. Da die israelischen Sicherheitsbehörden ab 1988 auch Mitglieder der Hamas verhafteten, erhöhte sich die Zahl der Nationalreligiösen in den Gefängnissen drastisch. Da diese als politische Fraktion noch nicht anerkannt waren, mussten sie sich in die Gefängnisorganisation von anderen Fraktionen einordnen. Viele von ihnen wählten die Zellenblocks der Fatah, da diese ihnen ideologisch näher stand als die linken Gruppierungen. Ähnlich wie an den Universitäten waren diese Blocks jedoch ein etablierter Herrschaftsraum der Fatah, wo deren Mitglieder sozialisiert und in den Verband integriert wurden. Die Fatah-Gefängnisführung nutzte hierzu ein strenges Disziplinarregime, dem die Hamas-Anhänger aufgrund der Gefängnisorganisation als *„totaler Institution"* (Goffman 1973: 11) vollständig ausgeliefert waren. Hamas-Anhänger verweigerten aufgrund religiöser Vorbehalte eine Teilnahme an den verpflichtenden Programmen und wurden für die Regelverletzung von dem Zwangsapparat der Fatahführung bestraft. Die Hamas-Anhänger erkannten die Herrschaft der Fatah in den Gefängnissen nicht an, und die Disziplinarstrafen der Fatah-Führung beschworen in den ersten drei Jahren erbitterte Kämpfe herauf, die auch Todesopfer forderten (Hroub 2000: 94). Die Unterschiede in der Sitte waren zu dem Zeitpunkt also bereits so ausgeprägt, dass selbst unter starkem Druck die Gruppengrenzen gewahrt blieben, was sie noch weiter verfestigte.

Außerhalb der Gefängnisse standen beide Bewegungen im Wettbewerb um die Herrschaft über die Straße. Sowohl die Shabiba-Organisation als auch die Hamas-Anhänger versuchten, der Bevölkerung ihre puritanischen Normen aufzuzwingen und konkurrierten darin um Kontrolle und Einfluss. Die Hamas weitete im Gazastreifen ihre Jurisdiktion aus und sorgte auf der Straße mit eigenen Kräften für Sicherheit. Auch die eigenständigen Exekutionen von Kollaborateuren stießen bei der PLO-Führung auf Missbilligung. Als die PLO-Führung die Hamas gewaltsam dazu zwingen wollte, ihre Autorität über die Leitung der Intifada anzuerkennen, kam es 1989 zu blutigen Zusammenstößen in Tulkarem und Gaza (Mishal/Sela 2000: 91). Gespräche blieben erfolglos, und Personen wurden durch Drohbriefe gezielt eingeschüchtert. Im September 1990 wurde ein mutmaßlich der Hamas nahe stehender Iman in Tulkarem daran gehindert, seine

Predigt zu halten, woraufhin sich die Spannungen in einem Schusswechsel entluden (Croitoru 2007: 119).

Neben der neuen Konkurrenz entwickelte sich aber vor allem das Netzwerk an Kollaborateuren zu einem Motor der Gewalt (Johannsen 2003). Zwar gelang es durch Arreste und Exekutionen, dieses Netzwerk zeitweilig zu zersetzen, was jedoch die Gewaltspirale weiter antrieb. Einerseits war die Nutzung von Kollaborateuren für die israelische Besatzung ein probates Mittel, um die Kosten der Herrschaft zu senken. Durch sie wurden Informationen gewonnen, um dem palästinensischen Widerstand über Verhaftungen oder Exekutionen Führungspersonal zu rauben. Israel bildete hierfür neue Spezialeinheiten aus, die sich perfekt als Palästinenser tarnen konnten und gezielt bestimmte Personen in den Besetzten Gebieten exekutierten (Bucaille 2004: 9). All dies erschuf ein Klima des Misstrauens und der gegenseitigen Anschuldigungen, in dem auch private Gewalt in Form von Clanfehden und Racheakten gedeihen konnte.

Andererseits sollte sich auch die Zerstörung des Netzwerkes als fatal erweisen, da in den Besetzten Gebieten faktisch jeder Palästinenser in bestehende Clannetzwerke integriert war. Hierdurch wurde eine nicht abzuschätzende Zahl an offenen Rechnungen erzeugt, deren Begleichung dem zugehörigen Clan oblag. So erklärt sich, dass fast die Hälfte der palästinensischen Opfer, die die Intifada forderte, auf innerpalästinensische Streitigkeiten zurückzuführen ist (Johannsen 2003). Einheiten der Shabiba etwa weiteten die Exekutionen im Zuge der Intifada immer stärker aus, bei denen selten die Schuld des Delinquenten eindeutig festgestellt wurde (Bucaille 2004: 8f). Eine zunehmende Verschränkung der privaten und politischen Gewalt war die Folge, die sich nach 1990 mit dem schwindenden Rückhalt in der Bevölkerung und der Verselbständigung der Gewaltverbände im Sinne einer *„gangsterization"* (Bucaille 2004: 26) ausweitete. Nicht nur, dass diese Gruppen unter politischem Deckmantel mordeten, auch die darauffolgende Blutrache der Clans war wieder an die Fraktionen angebunden, da deren lokale Verankerung auf der Clanstruktur beruhte (Larzillière 2006: 143). Private Gewalt wurde über die Konfliktlinien des palästinensischen und innerpalästinensischen Konfliktes legitimiert, was ihren wahren Charakter verschleierte.

6.3. Militarisierung der Intifada (1990–1994)

Das Jahr 1990 stellte eine weitere Wegmarke in der Gewaltentwicklung dar, da sich ab diesem Zeitpunkt die Konfrontationen verschärften und 1992 einem Bürgerkrieg sehr nahe kamen. Für eine Eskalation der innerpalästinensischen Gewalt sorgte erstens der Durchbruch der Hamas als Nationalbewegung, zweitens die Übernahme der Hamas durch ortsfremde Leiter aus dem Ausland, drittens die generelle Militarisierung der Intifada infolge der Repression und schwindenden Unterstützung aus der Bevölkerung und viertens die Schwächung der Auslandsführung der PLO.

Nach drei Jahren war die Hamas klar als Nationalbewegung zu erkennen, die mit der grünen Farbe des Islam auch über eine bestechende Symbolik verfügte. Im September 1990 wurden nach Gesprächen zwischen Vertretern der Hamas und der Fatah ein gemeinsames Papier entworfen, das die Existenz der Hamas faktisch als legitime, gleichberechtigte und unabhängige Fraktion anerkannte (Mishal/Sela 2000: 91). Die Restrukturierung hatte aus der Hamas darüber hinaus einen schlagkräftigen, hierarchisch-bürokratischen Apparat gemacht, der an den entscheidenden Stellen über hochqualifiziertes Personal verfügte. Dieses kam jedoch hauptsächlich aus dem Exil und war militanter als die Gründungsmitglieder. Mit der Aufnahme des bewaffneten Kampfes durch die Al-Qassam-Brigaden trieb die Hamas 1991 nicht nur die Militarisierung der Intifada voran, sondern übernahm auch den Mobilisierungsmythos der Fatah. Die immer erfolgreichere Durchdringung der Institutionen aus Verbänden und Vereinigungen nötigte die Fatah zu Kooperationen mit den linken Gruppierungen, sodass sich 1992 die Fronten weiter verhärteten (Mishal/Sela 2000: 91). Durch die Unterstützung des Iran und einiger Golfstaaten erweiterte sich auch kontinuierlich die Finanzbasis der Hamas.

Der zunehmenden Integration der Hamas-Figuration stand 1991 eine Desintegration der Fatah-Figuration gegenüber. Infolge der Kuwaitkrise wurde die Finanzbasis der Fatah-Bewegung kleiner, und sie war immer weniger dazu in der Lage, die Entwicklungen in den Gebieten maßgeblich zu beeinflussen. Im Innern verselbständigten sich Gruppen der Shabiba und der Fatah-Falken. Da die Bevölkerung nicht mehr länger willens war, die Kosten des Widerstands zu tragen, wandten die Gruppen immer häufiger Zwang an, um ihre Ziele durchzusetzen. Ihrer Finanzbasis beraubt, forderten die Widerstandsgruppen Schutzgelder von dem wohlhabenden Teilen der Bevölkerung. Die Desintegration und Bildung kleiner Gangs wurde vor allem von der israelischen Repression begünstigt, welche durch Verhaftungen und Ermordungen die Befehlsketten zerschlug und dafür sorgte, dass junge und unerfahrene Aktivisten in Leitungspositionen aufstiegen. Diese wiesen nicht nur eine stärkere lokale Verankerung und Ferne gegenüber der Fatah-Führung auf, sondern waren auch einfacher von lokalen Größen zu manipulieren. Somit bildete sich zwischen diesen Gruppen eine rivalisierende Gewaltkontrolle heraus, die in ihrer Konstellation der Situation während der Zweiten Intifada ähnelte. Auch hier wurden mit der *„semipoliticized rifle"* (ICG 2004b: 24) sowohl private wie auch politische Ziele verfolgt.

Lagen diese Prozesse der Integration und Desintegration dem Geschehen strukturell zugrunde, so bildeten die beginnenden Friedensverhandlungen den ereignisgeschichtlichen Hintergrund für die Zusammenstöße zwischen April

1991 und Ende 1992. Den Verhandlungen zwischen der PLO und Israel stellte die Hamas mit ihrem 1990 ausgerufenen Jihad gegen die Besatzung ein eigenes politisches Projekt gegenüber (vgl. ICG 2004a: 7f). Mit der Delegitimierung der PLO schob die Hamas die Eskalation der innerpalästinensischen Gewalt weiter an. In Flugblättern wurden die Gespräche als *„Ausverkauf Palästinas"* und *„Verrat an Allah"* bezeichnet (Croitoru 2007: 120). Beide Gruppen befanden sich in einer hoch aufgeladenen Situation, in der es für die PLO viel zu gewinnen und für die Hamas viel zu verlieren gab, was ein Sicherheitsdilemma heraufbeschwor. Die Eskalation begann aber viel früher, da Exekutionen von Kollaborateuren durch beide Gruppen dazu verwendet wurde, um Mitglieder der jeweils gegnerischen Gruppe zu ermorden (Mishal/Sela 2000: 95f). Diese Praxis der Ermordungen mündete im April 1991 in die offene Konfrontation in Form von bewaffneten Straßenkämpfen, wovon erst Nablus, dann aber auch weitere Städte ergriffen wurden (Croitoru 2007: 120). Im Mai und Juni setzten sie sich unter Verwendung von Schusswaffen fort (Ganor 1992).

Die Friedenskonferenz von Madrid im Oktober 1991 markierte den Auftakt zu dem Weg in den Beinahe-Bürgerkrieg. Für die PLO öffnete sich zu diesem Zeitpunkt eine Möglichkeit der Stärkung ihrer Position durch darauffolgende weitere Verhandlungen, für die sie aber die Gewalt der Intifada begrenzen musste (Mishal/Sela 2000: 94). So trieben Fatah-Anhänger mit Aktivisten der anderen PLO-Fraktionen die Kontrolle der Intifada massiv voran. Es galt, die Desintegration der eigenen Figuration und die weitere Integration der Hamas-Figuration zu stoppen. Ein von der Hamas während der Konferenz ausgerufener Proteststreik wurde gebrochen, indem PLO-Aktivisten die Händler dazu zwangen, ihre Läden zu öffnen (Croitoru 2007: 121). Sie trieben die Konfrontation weiter voran, indem sie Gebete unterbrachen, die sakrale Heiligkeit der Moscheen entweihten und Anschläge auf Geistliche unternahmen (Mishal/Sela 2000: 95f). In Rafah und Tulkarm kam es in den folgenden Monaten immer wieder zu Mordanschlägen, und auch anderswo lieferten sich Vertreter der Al-Qassam-Brigaden Schusswechsel mit den Falken der Fatah.

Im Juli 1992 unternahmen Mitglieder der Auslandsführungen beider Fraktionen nach schweren Zusammenstößen in Gaza einen Schlichtungsversuch und forderten ein Ende der Gewalt, was aber lediglich für eine kurze Waffenruhe sorgte (Mishal/Sela 2000: 95f). Die Gewaltspirale schraubte sich weiter in die Höhe, sodass im November 1992 sogar ein Attentat auf das prominenteste Hamas-Führungsmitglied – Abdelaziz Rantisi – verübt wurde (Croitoru 2007: 121). Die Autonomisierung der militärischen Abteilungen beider Gruppen war offensichtlich schon soweit fortgeschritten, dass die Befehlsketten selbst bei der Hamas nicht mehr einwandfrei funktionierten. Der Grund hierfür war offensichtlich deren Zerschlagung durch die israelischen Sicherheitsbehörden. Trotz einem Abschwächen der Intifada steigerten sich 1992 die Tötungen von Palästinensern gegenüber dem Vorjahr um 60 Prozent, während sich gleichzeitig 10.000 Aktivisten in israelischer Haft befanden (Baumgarten 2006: 95).

Dass die Gewalt nicht die Schwelle zum Bürgerkrieg überschritt, lag vermutlich nur an der Entscheidung Israels, den Widerstand im Dezember 1992 durch eine Massendeportation von Hamas-Mitgliedern in den Libanon zu schwächen. Diese radikale Maßnahme stieß international auf Kritik und steigerte die Beliebtheit der Hamas in der palästinensischen Bevölkerung, welche die PLO zu Zugeständnissen an die Hamas zwang (Mishal/Sela 2000: 97). Der gemeinsame Feind verband die zerstrittenen Fraktionen, sodass die militärischen Zweige eine Kooperation im Kampf gegen Israel beschlossen und ihre Streitigkeiten zunächst beilegten. Die innerpalästinensische Gewalt konnte nun nicht mehr legitimiert werden, da sich die Wir-Identität der Gruppen im Angesicht des gemeinsamen Feindes auf die gesamte palästinensische Nation erweiterte. Die Binnenmoral verbot bewaffnete Übergriffe auf die palästinensischen „Brüder".

6.4. Staatsbildung und Verregelung der Gewalt (1994–2000)

Nachdem die Palästinensische Autonomiebehörde eingerichtet wurde, veränderte sich die Dreieckskonstellation, die sich mit der Gründung der Hamas gebildet hatte. Bisher konkurrierten Fatah und Hamas direkt miteinander, wohingegen die Fatah nach 1994 ihre Hegemonie durch die Einsetzung der PA festschreiben konnte. Die Hamas stellte im Grunde den großen Verlierer der Friedensverhandlungen dar, da sich ihre Machtposition sowohl gegenüber Israel als auch gegenüber der Fatah verschlechterte und sich die Bevölkerung zunehmend von ihrer Gewaltstrategie abwandte. Es entwickelte sich eine stärker hierarchisierte Konstellation, die sich dadurch integrierte, dass die Abhängigkeiten der kollektiven Akteure untereinander zunahmen. Aber auch die Figurationen der Gruppen selbst verdichteten und erweiterten sich zunehmend. So änderte sich mit der Struktur der Herrschaftsordnung auch die Struktur der Gewaltentwicklung.

Auffallend ist zunächst, dass die Zahl der bewaffneten Angriffe der Hamas auf militärisches Personal der Israelis massiv abnahm. Gab es von ihnen im Jahr 1993 noch 47, so sank die Zahl im Folgejahr auf 13, und im Jahr 1997 wurden nur noch vier dieser Anschläge verübt (Baumgarten 2006: 121). Mit Einführung des Selbstopferungsattentates stieg aber die „Qualität" jedes einzelnen Anschlages im Sinne des medialen Effektes und der Opferzahl massiv an. Während sich so die asymmetrische Kriegsführung der Hamas gegenüber Israel verschärfte, stellte sie jegliche Attacken gegenüber der Fatah ein. Wo früher direkte Konkurrenz die Gewaltentwicklung bestimmte, war es jetzt der indirekte Weg über Israel, der die Gewalt zwischen Fatah und Hamas anschob.

Selbstopferungsanschläge der Hamas und gezielte Tötungen durch israelische Sicherheitsbehörden legitimierten sich wechselseitig und bildeten den Motor der Gewaltdynamiken. Die Hamas konnte nicht mehr direkt gegen die erstarkte Fatah vorgehen und verfolgte somit gegenüber Israel eine Strategie der kontrollierten und begrenzten Gewalteskalation. Die israelische Repression sollte heraufbeschworen werden, um die eingeschränkte Souveränität der PA aufzuzeigen und diese damit zu delegitimieren (vgl. Mishal/Sela 2000: 81f). Durch den Druck Israels auf die PA wurde aber die innerpalästinensische Gewalt angeschoben, da nun die PA ihrerseits mit Repression reagierte. Beide Gruppen hatten jedoch durch die Ausweitung ihrer Herrschaftsfigurationen auch ihre Abhängigkeiten von der Bevölkerung erhöht und mussten daher Rücksicht auf deren Stimmungslage nehmen. Diese verurteilte zunächst die innerpalästinensischen Auseinandersetzungen, wurde aber in dem Maße indifferenter, wie die Hamas als Hindernis auf dem Weg in den Frieden angesehen wurde. Die fortschreitende Integration sowohl der beiden Figurationen als auch der Konstellation selbst bewirkte eine zunehmende Verregelung der Gewalt. Sie folgte nun klaren Interaktionsmustern und trat zyklisch auf (vgl. Hass 2003: 83-90).

Das Abhängigkeitsgeflecht der Konstellation verdichtete sich hauptsächlich durch die Transformation der Fatah in die Autonomiebehörde. Hierdurch wurde die intermediäre Herrschaft Israels von einer „direkten"[18], kolonialen Form in eine indirekte, neokoloniale Form überführt. Die Kontrolle der Bevölkerung war nun die Aufgabe der PA, und Israel beschränkte sich auf eine Kontrolle der grenzüberschreitenden Ströme von Waren, Dienstleistungen und Personen (Larzillière 2006: 184). Ab 1994 wurde die Grenzabfertigung zum wichtigsten Herrschaftsinstrument. So schloss Israel den Gazastreifen durch einen elektrischen Zaun vollständig ab, der lediglich an zwei Checkpoints überwunden werden konnte (Bucaille 2004: 86). Das Gebiet wurde somit zu einem von Israel kontrollierten „Gefängnis".

Die israelischen Sicherheitsbehörden schufen darüber hinaus administrativ mehrere Kategorien von Palästinensern, die einen unterschiedlichen Grad an freier Bewegung erhielten. Hochrangige Funktionäre der PA konnten VIP-Karten verteilen, die den Trägern eine bevorzugte und ungehinderte Grenzpassage ermöglichte. War dies das Zuckerbrot, so wurde die Abriegelung der Grenzen als Peitsche eingesetzt, um PA zu beeinflussen. Schloss Israel die Grenzübergänge, unterbrach das die Warenströme, was die wirtschaftliche Situation rapide verschlechterte. Die Unzufriedenheit der Bevölkerung schlug aber hauptsächlich auf die PA zurück, die sich nun in ihrer Funktion als „Sozialstaat" mit einem Fürsorgeanspruch konfrontiert sah.

Die Transformation in den Staat hatte eine Integration der Fatah-Figuration zur Folge, die aber ambivalent blieb. Einerseits konnte die Fatah dadurch in der

---

18 *Wirklich direkt war der israelische Herrschaftszugriff auch unter der militärischen Besatzung nicht. Kollaborateure und Allianzen mit lokalen Notabeln wirkten als Intermediäre.*

Dreieckskonstellation gegenüber der Hamas an Boden gewinnen. Sie profitierte von der erhöhten Legitimität in der Bevölkerung, die sie aus ihrer neuen semistaatlichen Existenz und der internationalen Anerkennung bezog. Der Rückhalt in der Bevölkerung stieg hierdurch bis 1996 kontinuierlich an. Mit dem erhöhten Budget, das internationale Finanzagenturen und Israel bereitstellten, konnte die PA einen öffentlichen Beschäftigungssektor schaffen, der einen Großteil der Bevölkerung versorgte. Ihre Legitimität und die Ressourcenbasis ermöglichten der PA auch, einen Sicherheitsapparat aufzubauen, der bis in das Jahr 2000 annähernd erfolgreich das Monopol auf legitime physische Gewaltsamkeit im Innern der Besetzten Gebiete herstellte. Die rivalisierende Gewaltkontrolle kleiner Gangs aus der Zeit der Intifada wurde so beendet.

Andererseits wurde durch die Aufgabe des bewaffneten Kampfes das Problem der Demobilisierung geschaffen. Als eine einfache aber heikle Lösung wurde der Sicherheitsapparat aufgebläht. Dort sammelten sich viele unzufriedene Aktivisten aus der Intifada-Generation, die sich in Form der Tanzim-Milizen organisierten. Diese wurden immer militanter je länger sie von den eigentlichen Machtzentren ausgeschlossen blieben und der Friedensprozess ihre Hoffnungen auf Selbstbestimmung enttäuschte. Gleichzeitig arrangierten sich andere junge Leiter wie etwa Mohammed Dahlan mit dem Establishment. Dieser schuf im Gazastreifen ein eigenes Machtzentrum und war hauptsächlich für die Verfolgung der Opposition zuständig. Da er vor Ort direkt mit der Hamas konkurrierte, hatte er hieran auch ein starkes persönliches Interesse.

Die Figuration der Hamas erweiterte sich ebenso, jedoch nicht in dem Maße wie die der Fatah. Für den Gewaltverlauf war vor allem die Binnendifferenzierung entscheidend, die zwei Felder mit unterschiedlichen Abhängigkeiten und Logiken erschuf (vgl. Bourdieu/Wacqant 2006: 127-132). Im politischen Feld hingegen stand die Legitimität der Selbstopfer im Vordergrund. Das Prestige der Aktivisten dort hing sehr viel stärker von einer Anerkennung ihrer politischen Arbeit durch die Bevölkerung ab. Die Mitglieder der politischen Inlandsführung befürworteten dementsprechend eine Abkehr von der Gewaltstrategie und sprachen sich für eine Teilnahme an den Wahlen aus. Im militärischen Feld der Al-Qassam-Brigaden stand hingegen nicht die Legitimität der Anschläge im Vordergrund, sondern deren möglichst professionelle und spektakuläre Durchführung. Das Interesse der Aktivisten war folglich auf die Akkumulation von Kriegercharisma gerichtet, um ihr soziales Prestige zu erhöhen. War damit die Ausübung von Gewalt bereits generell im Interesse des militärischen Flügels, so sorgten zwei Formen der Desintegration dafür, dass diese trotz fataler Resultate für das Wohl der Organisation weiter erfolgte.

Erstens wirkte sich jetzt die Flucht der Mitglieder des zentralen Führungsgremiums ins Exil nach Amman aus, die durch die israelische Repression bewirkt wurde. Dort verloren sie im Gegensatz zu den lokalen Führern der Inlandsführung den direkten Kontakt zu der Bevölkerung in den Besetzten Gebieten. Da die direkte Rückbindung fehlte, war die Auslandsführung stärker um die Binnenlegitimität und Kohäsion der Bewegung besorgt, als um die Einstellung in der Bevölkerung. Die Furcht vor einer Abspaltung von Mitgliedern war somit prägender für die Entscheidungen als die Angst vor dem Verlust des Rückhalts in der Bevölkerung. Hinzu kam, dass die stärkere Unterstützung durch Iran eine Verantwortlichkeit gegenüber diesem externen Mentor herstellte, der bemüht war, den Friedensprozess nach Kräften zu torpedieren (vgl. Mishal/Sela 2000: 97f). Zweitens führten die gezielten Ermordungen von Führungspersonen durch israelische Sicherheitsbehörden zu einer Radikalisierung und Autonomisierung einzelner Zellen der Al-Qassam-Brigaden, die deren effektive Kontrolle erschwerte. In einem Verband, der sich auf der Basis von Freundschafts- und Verwandtschaftsbeziehungen organisierte, führten Ermordungen dazu, dass die Vergeltung zum bestimmenden Handlungsimperativ wurde. Rache legitimierte eine autonome Gewaltreaktion einzelner Zellen auf die israelischen Ermordungen.

Gleichwohl sorgte die tiefe Verankerung der Bewegung in der Bevölkerung dafür, dass die Außenlegitimität immer eine Rolle spielte, auch wenn sich deren Gewicht mit der Führung aus dem Exil verringerte. So achtete die Hamas weiterhin genau darauf, dass die Anschläge in den Augen der palästinensischen Öffentlichkeit als legitim erschienen. Sie wurden immer dann durchgeführt, wenn die Atmosphäre der Verbitterung über die israelische Politik noch groß war und wurde an konkrete und greifbare Forderungen gebunden (Hroub 2000: 249). Dies konnte die Freilassung von Gefangenen oder die Beendigung des Siedlungsbaus sein. Ein anderer Grund, warum die Radikalisierung begrenzt blieb und der große Zusammenstoß ausblieb, stellte die hierarchisch-bürokratische Organisationsform der Al-Qassam-Brigaden dar, was eine hohe Disziplin und funktionierende Befehlsketten mit sich brachte (ICG 2004a: 11).

Diese strukturellen Gegebenheiten mündeten in drei Zusammenstößen zwischen der PA und der Hamas, die im Folgenden untersucht werden. Der erste Gewaltzyklus fand im November 1994 statt, wo sich Hamas und IJ mit einer Reihe von spektakulären Selbstopferungsattentaten in Szene setzten (Hass 2003: 83-89). Diese trafen in der palästinensischen Bevölkerung noch auf hohe Zustimmung, da im selben Jahr ein israelischer Siedler ein blutiges Massaker an Moscheebesuchern verübt hatte. Dieser Vorfall war jedoch nur Auslöser und nicht Anlass für die Welle an Selbstopfern, da ein erster Anschlag bereits 1993 geschah. Israel ermordete daraufhin im November 1994 ein hochrangiges Mitglied des Islamischen Jihad. Die Vergeltung kam prompt in Form eines Selbstopfers aus dem islamistischen Milieu. Israel antwortete mit der Abriegelung der Besetzten Gebiete und übte Druck auf die Autonomiebehörde aus, die Anschläge von ihrem Territorium aus zu unterbinden. Die PA verschärfte daraufhin die

Repression im Innern. Sie verhaftete kritische Journalisten und verbot Demonstrationen.

Trotzdem rief die Hamas zu einer Gedenkveranstaltung zu Ehren des Attentäters auf, die nach den regulären Gebeten an der Filastin-Moschee stattfinden sollte. Dort wurde am 18. November 1994 das Gelände von den Sicherheitskräften der PA umstellt. Bei dem Versuch, den Lautsprecherwagen zu konfiszieren, warfen einige Demonstranten Steine, woraufhin die Polizeikräfte scharf geschossen hätten, so Augenzeugen zu Amira Hass (2003: 87). Dieser Zusammenstoß entwickelte sich zu großen Ausschreitungen, die den Tod von fünfzehn Hamasaktivisten forderten. Es gab zweihundert Verletzte und hunderte Festnahmen (Mishal/Sela 2000: 106). Die PA hatte ihre erste Kraftprobe gewonnen, nachdem sie ein Jahr lang zunächst vorsichtig taktiert hatte, um das Kräfteverhältnis gegenüber der Opposition richtig einschätzen zu können (Hroub 2000: 107). Die palästinensische Gesellschaft jedoch verurteilte die innerpalästinensische Gewalt. In Gaza wurde auf Großdemonstrationen mit 20.000 Teilnehmern ein Ende der Streitigkeiten gefordert (Baumgarten 2006: 124f). Hiervon unter Druck gesetzt, wurde der Zwist durch Verhandlungen zwischen PA und Hamas im Ausland zunächst beigelegt, da der Hamas im Anschluss wenigstens inoffiziell der Status einer Opposition zugebilligt wurde (Mishal/Sela 2000: 107).

Der zweite Gewaltzyklus begann im April 1995 mit einem Anschlag auf Kamal Kheil, ein Führungsmitglied der Al-Qassam-Brigaden (Hass 2003: 30). Obwohl die sterblichen Überreste in aller Eile verscharrt wurden, hielten Anhänger der Hamas ein riesiges symbolisches Begräbnis ab. Die Forderungen nach Vergeltung legitimierten bereits die nächsten beiden Selbstopferungsanschläge auf einen israelischen Bus, die kurz darauf stattfanden. Israel erhöhte wie bereits bei dem ersten Zyklus den Druck auf die PA und riegelte die Gebiete vollständig ab. Die PA verschärfte ihre Repression, indem sie nun den bereits vorher gegründeten Staatssicherheitsgerichtshof hinzuzog. Massenverhaftungen wurden durchgeführt und Waffen konfisziert. Man vermied es aber zum einen, den Kern der Organisation anzutasten und zum anderen, die repressiven Maßnahmen publik zu machen, um die Koexistenz mit der Hamas nicht durch die Legitimierung von Gegengewalt zu gefährden (vgl. Hroub 2000: 107). Neue Verhandlungsrunden wurden Ende 1995 in Khartoum und Kairo abgehalten, wo sich die Hamas und PA zur gegenseitigen Zurückhaltung verpflichteten. Weiterhin wurde vereinbart, bis zu den palästinensischen Parlamentswahlen Ende Februar 1996 keine weiteren Attentate gegen Israel durchzuführen (Baumgarten 2006: 124f).

Der dritte Gewaltzyklus begann im Januar 1996 und setzte sich das ganze Frühjahr über fort (Hass 2003: 93-99). Angeschoben wurde diese Eskalation durch die Ermordung des Drahtziehers der früheren Selbstopferungsattentate, Yahya Ayyash, welche mutmaßlich durch den israelischen Geheimdienst durchgeführt worden war. Bei dem Begräbnis erschienen etwa 10.000 Aktivisten, die sowohl der Hamas wie auch der Fatah angehörten (Hass 2003: 119). Trotzdem hielt sich die Hamas-Führung an die vereinbarte Waffenruhe anlässlich der palästinensischen Parlamentswahlen, um sich dann aber kurz danach mit vier verheerenden Anschlägen in Israel zu revanchieren, die 57 Todesopfer forderten. Später wurde bekannt, dass eine Subeinheit der Al-Qassam-Brigaden ohne direkte Anweisung der Führung gehandelt hatte (Mishal/Sela 2000: 76). Hieran zeigte sich, wie der Drang nach Vergeltung nach dem Verlust eines Führungsmitglieds zu einer Tendenz der Autonomisierung innerhalb des bewaffneten Flügels führte.

Wieder folgt eine Abriegelung und massiver Druck auf die PA, welche daraufhin im März 1996 eine groß angelegte Verhaftungswelle startete. Die Preventive Security Force, deren Mitglieder die Hamas-Aktivisten aus alten Tagen persönlich kannten, zerschlug große Teile der Al-Qassam-Brigaden in Gaza und im Westjordanland. Etwa 1.000 Aktivisten wurden interniert, verhört und gefoltert, während zugleich zahlreiche Hamas-nahe Sozialeinrichtungen geschlossen wurden oder die PA die Kontrolle über sie übernahm (ICG 2004a: 9). Die Bevölkerung blieb indifferent, da sie erst kurz zuvor die konkurrenzlos angetretene Fatah in den Parlamentswahlen unterstützt hatte und die Hamas als Problem in einem Friedensprozess ansah, den sie mehrheitlich befürwortete (ICG 2004a: 9). In diesem Jahr war die öffentliche Unterstützung für die Hamas damit am niedrigsten in der Organisationsgeschichte, während sich die Fatah auf dem Zenith ihrer Popularität befand (Hilal 2006: 7). Die Innenführung der Hamas forderte die Einstellung der für den Ruf der Bewegung verheerenden Gewaltstrategie, zeigte damit aber nur ihre Machtlosigkeit, als kurz darauf ein weiterer Anschlag von den Brigaden verübt wurde. Israel setzte die Abriegelungen und Ermordungen weiter fort.

Ab 1997 war eine Abkehr von der Gewaltstrategie zu erkennen, was die Spannungen zwischen Hamas und PA deutlich verringerte. Zum einen war nach der teilweisen Zerschlagung der Brigaden das Potential für Anschläge nur noch sehr eingeschränkt vorhanden. Zum anderen verlagerte sich das Machzentrum mit der Entlassung Scheich Jasins wieder zurück in die Besetzten Gebiete, sodass die Anbindung an die Meinung der dortigen Bevölkerung wieder wichtiger wurde. Diese war den Anschlägen weitgehend abgeneigt. Schließlich geriet der Friedensprozess mit dem Beginn der Netanjahu-Regierung ins Stocken, da nun wieder verstärkt Siedlungen gebaut wurden. Damit rückten die palästinensischen Fraktionen wieder enger zusammen. Erst als der Friedensprozess im Jahr 1999 zu scheitern drohte, versuchte die Hamas durch gewaltfreie Mittel wie Demonstrationen, etwas an Popularität zurückzugewinnen. Im Februar 1999 gab es bei einer solchen Demonstration wieder einen Zusammenstoß, als sich militante Anhänger der Hamas im Gazastreifen ihrer Festnahme durch PA-Polizeieinheiten gewaltsam widersetzten (Croitoru 2007: 140f).

6.5. Desintegration der Autonomiebehörde (2000–2005)

Der Ausbruch der Zweiten Intifada veränderte sowohl die Dreieckskonstellation als auch die innere Beschaffenheit der Figuration der Fatah. Die Politik Israels zielte nun auf eine Delegitimierung der Autonomiebehörde ab und begann, schrittweise ihre Infrastruktur zu zerstören. Die israelischen Übergriffe waren bereits von Beginn an sehr stark. Im ersten Monat der Intifada wurden laut eigenen Angaben 1,3 Millionen Schuss scharfer Munition von israelischen Armeeeinheiten abgegeben (ICG 2004b: 22). Ab November 2001 wurde zusätzlich eine Politik der gezielten Ermordung von Führungspersonen durch die IDF und die israelische Luftwaffe öffentlich als Antwort auf die palästinensische Gewalt legitimiert und radikal umgesetzt (Baumgarten 2006: 144). Es zeigte sich, dass die IDF aus der Ersten Intifada gelernt hatte. Die Umwandlung der Herrschaft von der direkten Kontrolle der Bevölkerung auf die indirekte Kontrolle über das Grenzregime machte die israelischen Soldaten unangreifbar, da sich diese in den gut geschützten Grenzkontrollposten verschanzten (vgl. Baumgarten 2002: 225). Durch den Gebrauch scharfer Munition waren die palästinensischen Verluste so sehr hoch.

Die Desintegration der PA vollzog sich in zwei Schritten. Zuerst wurde von Israel die Infrastruktur angegriffen, was von einer sukzessiven Schwächung hin zum vollständigen Kollaps der Institutionen im Frühjahr 2002 führte. Die Autonomiebehörde befand sich in dem Dilemma, die eigenen Sicherheitskräfte nicht ohne eine Gefährdung ihrer internationalen Legitimität gegen Israel ins Feld führen zu können. Hieraus entschied sich die Führung, grünes Licht für die Bildung von Milizen zur Verteidigung der Autonomiezonen zu geben. Der zweite Schritt der Desintegration bestand darin, dass sich diese rasch verselbständigten und in einer Ansammlung von lokal verankerten und lose miteinander kooperierenden Gruppen aufgingen, die unter dem Etikett Al-Aqsa-Märtyrerbrigaden firmierten. Nach dem Zusammenbruch der Autonomiebehörde im Frühjahr 2002 waren diese auch nicht mehr an das Klientelsystem der Fatah angeschlossen und zersplitterten zunehmend. Eine rivalisierende Gewaltkontrolle war die Folge. Die Gruppen fingen an, sich neue Patrone zu suchen und eigene politische Projekte anzuschieben. Eine zunehmende Vermengung von privater und politischer Gewalt war die Folge.

Die Hamas erlebte durch die Desintegration der PA einen unverhofften Aufstieg und genoss erstmals wieder eine höhere Popularität als die Fatah (Schanzer 2003: 33). Die Hamas konnte nun die Früchte ihrer früheren Arbeit ernten und füllte die Versorgungslücke, die aus dem Zerfall der PA entstand, mit ihren protostaatlichen Strukturen. Auch befürwortete wieder eine Mehrheit der Bevölkerung die Durchführung von Selbstopferungsattentaten (Baumgarten 2006: 150). Diesem Ruf folgend setzte die Hamas ab März 2001 ihren Kampf gegen Israel wieder mit Selbstopferungsanschlägen fort (Eposito 2005: 105). Wie im

Falle Israels etablierte sich hier eine Logik der Vergeltung (Johannsen 2003). Selbstopferungsanschläge erfolgten mit einer systematischen Regelmäßigkeit nach Ermordungen von hochrangigen Führungskräften aus dem palästinensischen Widerstand (ICG 2004a: 18).

Der Niedergang der PA und der Aufstieg der Hamas sorgten somit für eine Resymmetrisierung ihrer Beziehung. Die PA war nicht mehr unmittelbar ein Element der intermediären Herrschaft Israels, sich immer mehr in Form einer überlegenen Gewalt und der Abriegelung zeigte. Dort wo die Führung der PA dennoch versuchte, im alten Modell für Ordnung zu sorgen, kam es wie auch schon früher zu innerpalästinensischer Gewalt. Nach den Anschlägen auf das World Trade Center im September 2001 drohte die Zweite Intifada in den aufkommenden „Krieg gegen den Terror" eingebunden zu werden. Dies wurde zusätzlich von der israelischen Seite vorangetrieben, die eine amerikanische Dialoginitiative des Abgesandten Anthony Zinni vom November 2001 durch die Ermordung eines Hamasmitglieds und der kalkulierten Gegengewalt gezielt hintertrieb (Usher 2003: 30).

Von der israelischen Regierung wurde Arafat in Analogie der amerikanischen Benennung des Talibanregimes als *„an entity that supports terrorism"* bezeichnet (Usher 2003: 30). Um einer weiteren internationalen Delegitimierung zu entgehen, ordnete Arafat ein sofortiges Ende aller Kampfhandlungen an, dessen Umsetzung innerpalästinensische Zusammenstöße mit sechs Todesopfern zur Folge hatte (Usher 2003: 30). Die Konfliktdynamik pflanzte sich jedoch weiter fort, da die Tötungen von israelischer Seite nicht ausgesetzt wurden, was wiederum Vergeltungsschläge nach sich zog. Im Anschluss verlor die PA vollständig die Kontrolle über die Al-Aqsa-Märtyrerbrigaden (AMB). Hierdurch büßte sie ihre Position als Intermediär zwischen dem Widerstand und Israel ein, was bis dahin innerhalb der Konstellation die innerpalästinensische Gewaltentwicklung bestimmt hatte.

Der innerpalästinensische Konflikt wurde jetzt indirekt über Israel ausgetragen und transformierte sich in einen Wettbewerb der bewaffneten Gruppen untereinander um den Erwerb von Kriegercharisma durch immer spektakulärere Militäroperationen. Konnte Israel zuvor über die PA indirekt die Hamas bekämpfen, so schadeten nun die Selbstopferungsanschläge der Hamas hauptsächlich der Autonomiebehörde, die für diese Anschläge verantwortlich gemacht wurde (Schanzer 2003: 34). Eine diplomatische Intervention der arabischen Staaten unter saudischer Führung zur Beendigung der Intifada wurde mit erstaunlicher Präzision von einem äußerst blutigen Attentat der Hamas flankiert. Das Selbstopfer forderte Ende März den Tod von 28 älteren Israelis in einem Hotel in Netanya und sabotierte nicht nur die diplomatischen Bemühungen, sondern stärkte auch die Position der Scharon-Regierung (Usher 2005: 46). Diese konnte ihre groß angelegte Militäroperation Anfang April 2002 als notwendige Antiterrormaßnahme darstellen und machte die PA vollkommen handlungsunfähig. Gleichzeitig wurde mit dem Bau der Mauer begonnen, die die Besetzten Gebiete abtrennte und weitere Bombenanschläge verhüten sollte.

Die Verselbständigung der Milizen war nach dem Zusammenbruch der PA abgeschlossen, und die AMB übertrumpfte 2002 mit ihrer im Januar begonnenen Serie an Selbstopferungsanschlägen rein quantitativ diejenigen der Hamas (Croitoru 2007: 150). Ein „qualitativer" Sprung bestand darin, dass sie das erste Attentat von einer Frau ausführen ließen. Erst im Jahr 2003 ging die Hamas mit ihrer nach libanesischem Vorbild entwickelten Qassam-Kurzstreckenrakete wieder in Führung, die den israelischen Sicherheitsgewinn durch den Mauerbau hinfällig machte. Die innerpalästinensische Gewalt zeigte sich nun vermehrt in der Begleichung von alten Rechnungen und wurde von einer Radikalisierung führungsloser Gruppen bestimmt.

So wurde beispielsweise Anfang Oktober 2002 der Chef der Polizeikräfte für die Aufstandsbekämpfung in Gaza von maskierten Männern ermordet. Hier sollte der Tod eines Bruders gerächt werden, der im Oktober 2001 während einer Demonstration ums Leben kam, auf der die Polizei die Order bekam, in die Menge zu schießen (Larzillière 2006: 154). Da die Täter offensichtlich der Hamas angehörten, kam es im November und Dezember 2002 immer wieder zu täglichen Feuergefechten zwischen der PA-Polizei und Hamas-Aktivisten, nachdem erstere versucht hatten, die mutmaßlichen Täter festzunehmen (Yonah 2003: 30). Die Begleichung alter Rechnungen und die Fortführung von Privatfehden sorgten nun in einem Klima der Auflösung politischer Strukturen dafür, dass sich die private Gewalt zunehmend mit der politischen vermengte. Der Aufstieg der lokalen Milizen bot darüber hinaus für die mit ihnen verbundenen schwächeren Clans eine Möglichkeit, ihre Machtposition gegenüber den stärkeren auszubauen. Diese Veränderung der Machtpositionen schuf Rivalitäten, die bisweilen gewaltsam eskalierten (ICG 2004b: 13f).

Die Auflösung der Befehlsketten setzte sich unter der israelischen Repression weiter fort, sodass sich die Milizen weiter aufsplitterten, zunehmend radikalisierten und auf lokaler Ebene autonom von der übergeordneten Gruppierung agierten (Larzillière 2006: 153). Die Herrschaftsstruktur der zentralen Figurationen desintegrierte und die autonomen Gewaltakteure bildeten mit anderen Herrschaftsgruppen lokale Figurationen aus. Das, was häufig als Generationenkonflikt zwischen der jungen und alten Garde bezeichnet wird, ergab sich somit stärker aus der lokalen Herrschaftsstruktur und den Abhängigkeiten, in die diese Gruppen eingebunden waren, als aus der vorhandenen Kluft zwischen den Generationen (Larzillière 2006: 149).

Daher ist es ab dem Frühjahr 2002 nur schwer möglich, die Gewalt zuzuordnen, die sich aus diesen lokalen Figurationen speiste. Ein Indikator für die rivalisierende lokale Gewaltkontrolle war die Kriminalitätsrate, die 2004 um 50

Prozent anstieg (Jarbawi/Pearlmen 2007: 18). Bekannt ist, dass im Juli 2004 Milizen im Gazastreifen nach Ankündigung des unilateralen Abzugs der israelischen Streitkräfte und der Räumung der dortigen israelischen Siedlungen die Einrichtungen und das Personal der PA angriffen und Reformen forderten (Shikaki 2004). Auf mehrere öffentliche Würdenträger der PA in Gaza wurden Attentatsversuche unternommen (ICG 2004b: 1). Auch wenn dies eher auf ein Problem innerhalb der Fatah hinweist, ist nicht ganz klar, ob und inwiefern Hamas-Aktivisten in diese Ausschreitungen involviert waren.

Auswirkungen der israelischen Repression waren auch zu beobachten, als sich nach der Ermordung eines Offiziers der AMB zahlreiche Gruppenmitglieder gegen die Bevölkerung wandten und einen Streik durchsetzten. Im Gegensatz zu früheren Fällen wurde dieser äußerst radikal und brutal umgesetzt, wie ein Einwohner aus Nablus berichtete: *„[T]his time stores that opened were burned down, people were threatened and beaten in the streets, I've never seen it so bad. They literally went berserk"* (ICG 2004b: 23). Hier zeigte sich, dass sich mit der Zersplitterung der Gruppen auch die Grenze zwischen Binnen- und Außenmoral verschob. Diese Grenze umfasste nicht mehr die ganze palästinensische Bevölkerung, sondern war offensichtlich identisch mit der Gruppengrenze dieser Milizen. Anzunehmen ist, dass sich nach eigenen Verlusten die Wut gegen die Bevölkerung richtete, weil diese sich immer weiter depolitisiert hatte. Im Gegensatz zur Ersten Intifada war sie kaum noch an dem Widerstand beteiligt, der sich dadurch schnell militarisierte.

6.6. Der Weg in die Eskalation (2005–2007)

Neben der Machtlosigkeit und den Korruptionsvorwürfen gegenüber der PA spielte auch die israelische Politik des Abzugs aus dem Gazastreifen und die weitere Zerstückelung und Annexion des Westjordanlandes in die Hände der Hamas (vgl. Usher 2006a: 25). Der Teilungsplan Scharons zielte offensichtlich nicht mehr auf eine Staatsbildung ab, sondern versuchte, den Konflikt zwischen Besatzer und Besetzten in einen unter Besetzten zu überführen (Usher 2005: 53f). Dies sollte sich bewahrheiten, als im Januar 2006 die Hamas mit überwältigender Mehrheit aus den Parlamentswahlen hervorging. Die Milizen des Warlords Dahlan zeigten sofort ihren Protest in Form von Angriffen auf das Parlamentsgebäude und Symbole der Hamas (Usher 2006a: 27). Präsident Abbas reagierte umgehend auf die Provokation aus den eigenen Reihen und beschloss, dass die Sicherheitsapparate nicht einer Hamas-geführten Regierung unterstehen werden. Er vereinigte im März 2007 alle wichtigen Schlüsselstellen der Macht im Präsidentenamt, baute seine eigene Garde zur Miliz aus und berief Dahlan zum Sicherheitschef (Johannsen 2007: 129f). Das Hamas-Kabinett bildete gegen das Veto des Präsidenten daraufhin im April 2006 eine eigene Miliz.

Somit standen sich zwei bewaffnete und semilegale Milizen gegenüber, deren Ausbau ein akutes Sicherheitsdilemma heraufbeschwor. Dieses Dilemma ist in der Literatur zur Spieltheorie als Gefangenendilemma bekannt (vgl. Esser 2000: 72-76). Das Grundproblem besteht darin, dass jeder beteiligte Akteur von der Reaktion des anderen abhängig ist. Eine Kooperation der beiden wäre der Idealfall – man teilt sich die Herrschaft und jeder profitiert davon. Da es aber in einer hochriskanten Situation an Vertrauen mangelt, geht jeder der Beteiligten von einer Nichtkooperation aus. Eine sofortige Konfrontation ist daher sicherer, als von einem gegnerischen Angriff überrascht zu werden. So wählen beide Akteure die bewaffnete Auseinandersetzung, obwohl dies im Grunde beiden nur Nachteile bringt.

Dieses Sicherheitsdilemma entstand und verschärfte sich durch eine Vielzahl an Faktoren. Erstens gab es keine Institutionen, die einer gewaltfreien Machtübergabe den Weg hätten ebnen können (Jarbawi/Pearlmen 2007: 18). Zweitens wurden die Spannungen durch die israelische Regierung verschärft, die direkt nach dem Wahlsieg eine große Kampagne von gezielten Ermordungen startete, die Gebiete abriegelte und Steuergelder der PA zurückhielt (Jarbawi/Pearlmen 2007: 18; Usher 2006a: 31; Usher 2006b). Drittens hatte die Hamas auf der internationalen Ebene ein massives Legitimitätsproblem, sodass auch alle von dort stammenden Zahlungen eingefroren wurden und die Mitarbeiter der PA nicht mehr versorgt werden konnten (Usher 2006a: 31). Zuletzt profitierten die militärischen Leiter in beiden Fraktionen von dem Ableben der Anfangsautoritäten und konnten ihre Machtstellung stärken.

So war es angesichts des hohen Drucks in Verbindung mit dem aufkommenden Sicherheitsdilemma nicht verwunderlich, das gleich nach dem Wahlsieg die innerpalästinensische Gewalt massiv anstieg. Auf der Straße lieferten sich Vertreter von Hamas und Fatah Schusswechsel, die sich zwischen April und Juni 2006 verschärften, als die Hamas ihre eigene Miliz aufstellte (Knudsen/Eszbidi 2006: 5). Wie sehr die Gewalt von dem Sicherheitsdilemma beeinflusst war, zeigte sich, als sie nach den erfolgreichen Gesprächen in Mekka schlagartig abebbte und sogar während der schwierigen Regierungsbildung nicht wieder aufflammte (vgl. ICG 2007: 3).

Das Sicherheitsdilemma bestand jedoch weiter, und nun lieferte die höhere Außenlegitimität der Fatah den Ausschlag für die Eskalation. Ihre Milizen wurden von den USA unter der Billigung Israels mit Training und Waffen hochgerüstet, sodass sich die Waagschale zu Ungunsten der Hamas zu senken begann. Die Existenz der Hamas als funktionale Überlebenseinheit schien massiv gefährdet zu sein. Hinzu kam, dass die Autorität der politischen Führer der Hamas im Zuge der Verschärfung der Situation zunehmend in Frage gestellt wurde und Israel durch Exekutionen die Befehlskette innerhalb der Al-Qassam-Brigaden teilweise durchbrochen hatte. So erscheint die Interpretation am plausibelsten, dass keine politische Strategie hinter der Übernahme des Gazastreifens stand, sondern eine autonome Entwicklung an der Basis dafür verantwortlich war (ICG 2007: 13). So schien diese Eskalation eine Folge der gewaltsamen Interaktion aus Anschlag und Vergeltungsanschlag gewesen zu sein, die militante Aktivisten in autonomer Manier dazu bewogen hatte, der Fatah durch diesen Übergriff zuvorzukommen.

Diese Interpretation stützend und charakteristisch für die Situation der massiven Unsicherheit war eine Tit-For-Tat-Strategie im Gewaltverlauf kurz vor dem Übergang zum Krieg (Economist 2007: 43). Dies ist die Form, in der sich häufig die Interaktionen innerhalb der Situation eines Gefangenendilemmas entwickeln (vgl. Esser 2000: 141). Jeder Akteur kopiert das Verhalten des anderen und beide orientieren ihr Verhalten aneinander. Ein Attentat wird so mit einem Gegenattentat beantwortet. Das Problem ist, dass in innerstaatlichen Konflikten die Unsicherheit in Form der Gefahr einer physischen Vernichtung besonders groß ist und daher selten kooperiert wird (Downes 2004: 233). Der Gebrauch von Gewalt tendiert dazu, das Sicherheitsdilemma zu verschärfen, da die Unsicherheit durch eine längere Gewalthistorie vergrößert wird. Wer bereits Gewalt eingesetzt hat, wird dies immer wieder tun, so die Schlussfolgerung in einem Klima des Misstrauens.

So zeichnete sich die Eskalation bereits ab Mai 2007 ab, als man begann, wechselseitig Anschläge auf hochrangige Vertreter der Gegenseite zu verüben. Die den Gewaltverlauf hemmende Zivilisationsschranke wurde letztlich am 10. Juni 2007 überschritten, als die Fatah einen prominenten Iman aus der größten Moschee in Gaza umbrachte (ICG 2007: 11). Daraufhin eskalierte die Situation, und innerhalb weniger Tage wurde der gesamte Gazastreifen unter die Kontrolle der Hamas gebracht. Deutliche Hinweise auf die Überschreitung der qualitativen Schwelle zum Krieg bot die Handschrift der Gewalt. In Spitälern wurden gegnerische Aktivisten in hilfloser Lage förmlich hingerichtet und die Leiche des Kommandeurs der örtlichen AMB wurde durch die Straßen gezogen (ICG 2007: 12).

7. Schlussbetrachtung

In dieser Arbeit wurde gezeigt, dass gängige Erklärungen von Dynamiken politischer Gewalt häufig unterkomplex und monokausal bleiben. Bei der innerpalästinensischen Auseinandersetzung handelt es sich weder um einen Ideologie- oder Wertekonflikt, einen Stellvertreterkrieg noch um einen Kampf um knappe Ressourcen. Natürlich spielen Unterschiede in der Sitte, externe Geldgeber und Ressourcenknappheit eine Rolle – sie sind aber nicht die Ursache der Gewalt und bestimmen auch nicht maßgeblich deren Entwicklung. Diese Arbeit hat solch deterministischen Konzepten eine Herangehensweise gegenübergestellt, die die Beziehungen und gegenseitigen Abhängigkeiten der Akteure stärker in den Mittelpunkt rückt.

Dabei beruhen die zentralen Argumente im Grunde auf zwei Erwägungen. Zum einen entstand die innerpalästinensische Auseinandersetzung zwar aus dem Palästinakonflikt, er entwickelte im zeitlichen Verlauf aber eine Eigendynamik, die sich mehr aus der Zerrissenheit der palästinensischen Gesellschaft als aus der Auseinandersetzung mit Israel ergab. Mit dieser Sichtweise folge ich der Kernthese des Hamburger Ansatzes, wonach sich die Grundlage vieler Konflikte in der Welt außerhalb der OECD aus Prozessen der ungleichzeitigen Modernisierung ergibt.

Zum anderen argumentiere ich, dass sich die Gewaltentwicklung am besten aus den Veränderungen der Herrschaftsstrukturen in den Figurationen erklären lässt. Herrschaft ist wie Gewalt immer an Legitimität gebunden. Legitimität habe ich entsprechend als zentrale Einflussvariable herausgestellt. Da Gewalt jedoch dazu tendiert, sich selbst zu legitimieren, ist meiner Meinung nach eine Untersuchung der Strukturen, die Gewalt ermöglichen und begrenzen, wissenschaftlich am fruchtbarsten. Aus diesem Grunde habe ich letztlich die beiden Prozesse der Integration und Desintegration von Herrschaftsfigurationen zum Mittelpunkt meiner theoretischen Erklärung von Gewaltdynamiken gemacht.

Im Eskalationsmodell des Hamburger Ansatzes treten diese Prozesse erstmals auf der Ebene des Konfliktes auf, wirken aber im Kriegszustand weiter. Die Herstellung von konfliktfähigen Gruppen nach den Stufen des Widerspruchs und der Krise markiert den Beginn von Prozessen der Integration. Um letztere aber in ihrem Ursprung verstehen zu können, müssen die vorangehenden Stufen herausgearbeitet werden. Dies stellt sich als sehr komplex dar, da sich der innerpalästinensische Konflikt in den Palästinakonflikt schob und beide ähnliche Ursachen aufweisen.

Der Palästinakonflikt ist im Prinzip Resultat des imperialen Übergriffs Großbritanniens und dem damit verbundenen zionistischen Siedlerkolonialismus. Letzterer verdrängte durch seine modernen Organisationsformen und die exkludierende Form seiner Landnahme die nichtjüdische Bevölkerung und schuf eine kulturelle Kluft zwischen den beiden Gruppen. Dies gelang nur, weil der Boden im Zuge der Modernisierung bereits zu einer Ware geworden war, aber noch keine arabischen Herrschaftsstrukturen existierten, die diese Warenform hätten absichern können. Einmal gekaufter Boden wurde von jüdischer Seite mit einem Wiederverkaufsverbot belegt. Dieser Motor zionistischer Exklusion findet sich noch heute in der Ausweitung des Siedlungsbaus in den Autonomiegebieten und wurde bereits um 1900 als Problem wahrgenommen. Der entstehende palästinensische Nationalismus definierte sich entsprechend primär über den zionistischen „Feind", was sich bis heute nicht maßgeblich geändert hat.

Der Kampf gegen das Andere infolge der Herausbildung des palästinensischen Nationalismus bestimmt so den Palästinakonflikt, wohingegen der innerpalästinensische Konflikt hauptsächlich von der Definition des Eigenen angetrieben wird. Die Bestimmung der Wir-Identität ist aufgrund der geographischen und generationellen Zersplitterung der palästinensischen Gesellschaft noch im Flusse. Die imaginierte Gemeinschaft ist in den Köpfen verankert, da sie in gesellschaftlichen Kämpfen als Referenz verwendet wird. Die beiden wichtigsten Machtgruppen haben aber sehr unterschiedliche Ansichten darüber, wie die Gemeinschaft konkret auszusehen hat.

Der Konflikt entwickelte sich jedoch nicht aus den ideologischen Unterschieden, sondern es kämpften zwei Gruppen um die Überführung ihrer gesellschaftlichen Machtpositionen in eine legitime Herrschaft. Die Aufnahme in den erlesenen Kreis der legitimen Herrschaftsverbände unserer heutigen Weltgesellschaft erfordert jedoch die Transformation des eigenen Verbandes in einen Staat. Daher manifestiert sich dieser Konflikt wie auch in vielen anderen Fällen in Form eines Staatsbildungsprozesses.

Das Modell des Nationalstaats wurde zwar bereits durch die britische Mandatszeit in Palästina eingeführt, die zionistischen und die arabischen Staatsbildungsprozesse verhinderten aber zunächst die Entstehung eines palästinensisch-arabischen Staates. Kein Staat integrierte die palästinensische Bevölkerung, sodass diese sich als eine Nation ohne Staat konstituierte. Erst als 1967 die palästinensischen Araber wieder über ein eigenes Territorium verfügten, kam dieser Prozess in Gang. Angeschoben wurde er durch die zunehmende Auflösung traditionaler Herrschaftsstrukturen und den massiven sozialen Wandel der 1980er Jahre.

Eine entscheidende Episode in der palästinensischen Staatsbildung war die Erste Intifada, als die Muslimbrüderschaft damit begann, ihre wachsende Macht in eine legitime Herrschaft umzuwandeln. Im Gegensatz zu dem begrenzten Programm der MB konnte die neu gegründete Hamas als Nationalbewegung auf eine höhere Legitimität in der Bevölkerung hoffen. Die Hamas bildete ein Sammelbecken für die vielen Unzufriedenen in der Gesellschaft. Dieser gehörte hauptsächlich eine Generation junger Palästinenser an, die im Zuge des Wirtschaftswandels Ende der 1980er Jahre mit massiver Arbeitslosigkeit konfrontiert wurde und unter der Repression der israelischen Besatzung aufgewachsen war. In den Demonstrationen gegen die Okkupation artikulierten sie den wahrgenommenen Widerspruch zwischen der Ausbreitung unpersönlicher Sozialbeziehungen und dem noch traditional begründeten, personalen Herrschaftsanspruch der Notabeln, die zudem noch mit der israelischen Mandatsmacht paktierten. Dies war die erste Ungleichzeitigkeit, die den innerpalästinensischen Konflikt vorantrieb.

Die Erste Intifada richtete sich somit in gleicher Weise gegen die überkommenen Herrschaftsstrukturen, wie sie auf die israelische Besatzung abzielte. Nachdem die geltende Herrschaftsordnung durch den Druck der Straße kurz aufgebrochen werden konnte, wurde sie durch die Einrichtung der Autonomiebehörde schnell wiederhergestellt. Dies galt im doppelten Sinne für Israel und die örtlichen Notabeln, da sich die PA nur als Bindeglied zwischen ihnen etablierte. Während das Protestpotential der Intifada-Generation innerhalb der Fatah zunächst über die Verrentung im Klientelsystem abgemildert wurde, manifestierte es sich in der Hamas in Form des bewaffneten Widerstands gegen Israel.

Mit der Etablierung der Autonomiebehörde entstand eine zweite Ungleichzeitigkeit, die sich ebenso wie die erste aus dem Problem der nachholenden Konsolidierung von weltgesellschaftlich vorausgesetzter Staatlichkeit ergab. Die Fatah war ein neopatrimonial organisierter Verband und installierte ein entsprechendes klientelistisches Regime. Angesichts der noch stark von Familien- und Clanstrukturen geprägten Gesellschaft wäre eine andere Herrschaftsorganisation auch sehr überraschend gewesen.

Konfrontiert wurde dieses Gebilde jedoch mit den bürgerlichen Normen, die mithilfe der Massenmedien und durch die Konfrontation mit Israel ein modernes Staatsideal in der Bevölkerung verankert hatten. Je mehr Personen von dem PA-Klientelsystem ausgeschlossen wurde, desto schärfer prangerte man die Korruption der PA an. Die Hamas wurde nur deswegen so populär, weil sie aufgrund ihrer Brüderlichkeitsethik nicht mit dem Makel des Klientelsystems in Verbindung gebracht wurde. Sie war die modernere der beiden Gruppen und bezog ihre Stärke vor allem aus der „selbstlosen" Versorgung von Modernisierungsverlierern durch ihre Sozialfürsorgeeinrichtungen.

Diese beiden Ungleichzeitigkeiten bildeten die strukturelle Grundlage des innerpalästinensischen Konfliktes und damit auch die der Gewalt, die aus diesem entstand. Die Gewaltdynamiken waren von den strukturellen Grundlagen des Konfliktes selbst allerdings entkoppelt, da die Figurationen ein Handlungsfeld erschufen, das eine Eigenlogik aufwies. Diese Eigenlogik wurde von den Abhängigkeitsketten der Figurationen bestimmt, die sich im Konfliktverlauf aber änderten. Prozesse der Integration und Desintegration der Figurationen verschoben die Verantwortlichkeiten und veränderten damit auch die Antwort auf die Frage, wem gegenüber die Gewalt legitimiert werden musste.

Beide Gruppen wurden durch die Integration der Figuration, in der sie sich befanden, zu einer Transformation in eine Partei und schließlich zur Staatsbildung genötigt. Auf diesem Weg kämpften sie aber an drei Fronten um die Legitimität ihres Handelns: innerhalb der Organisation, gegenüber der Bevölkerung und gegenüber der Weltöffentlichkeit. Durch die zunehmende Integration wurde die Nation auch für die Muslimbrüder zur zentralen Bezugsgruppe. Je stärker die beiden Nationalbewegungen die Bevölkerung durchdrangen, desto mehr mussten sie gewaltsames Handeln der Bevölkerung gegenüber legitimieren.

Obwohl sich auch die Prozesse der Integration gewaltsam äußerten, waren es vor allem Desintegrationsentwicklungen, die den Motor der Gewalt bildeten. Hervorgerufen wurden sie durch Gewalteinwirkung oder Repression. Die Strukturen, die die Gewalt vorher begrenzten hatten – etwa die Befehlsketten der bewaffneten Gruppen, – lösten sich hierdurch auf, und die erlittene Gewalt wurde ungehemmt mit Gegengewalt beantwortet. Hinzu kam, dass sich die Gruppen unter starker Gewalteinwirkung radikalisierten und die Grenze zwischen Binnen- und Außenmoral auf die Organisationsgrenze schrumpfte, wovon vor allem die Fatah-Milizen betroffen waren. Den Endpunkt hätte die vollständige Desintegration der Figuration dargestellt. Diese war durch den Zerfall in kleine Gangs, die um die Gebietskontrolle konkurrieren, bereits angezeigt, die Fatah-Figuration brach jedoch nicht vollständig auseinander.

War die Entstehung der innerpalästinensischen Gewalt insgesamt von diesen Prozessen bestimmt, so wurde die Eskalation zum Krieg vor allem dadurch begrenzt, dass es gleich zwei Zivilisationsschranken zu überwinden galt. Zum einen beriefen sich beide Gruppen auf die gleiche Wir-Identität. Damit unterlagen sie einer gemeinsamen Binnenmoral, die prinzipiell den Gewaltgebrauch untersagte. Zum anderen handelte es sich um eine muslimische Gesellschaft, für die das Tabu der „Fitna", des innerislamischen Bürgerkrieges, galt. Damit diese Zivilisationsschranken brachen, benötigte man extremen Druck und eine Polarisierung, die ein Sicherheitsdilemma erschuf, in dem die Existenz der Fraktionen akut bedroht zu sein erschien. Eine solche Entwicklung war in den Jahren 1992 und 2007 zu beobachten. Dazwischen gab es vor allem gewaltsame Interaktionen, die wegen ihrer Eigendynamik eskalierten, was allerdings durch Gespräche und Vermittlungsversuche immer wieder eingedämmt werden konnte.

Die Eingangshypothese dieser Arbeit konnte vor allem für den Zeitraum 1994 bis 1997 bestätigt werden, als die Zwänge der Binnenlegitimität die Hamas aufgrund ihrer radikalen Ideologie zu immer weiteren Attentaten nötigten, was aber letztlich ihren einstweiligen Niedergang herbeiführte. In Form von Gewaltzyklen kam es dreimal zu Auseinandersetzungen zwischen beiden Gruppen, da Israel nach Anschlägen der Hamas regelmäßig Druck auf die PA ausübte, die Hamas zu bekämpfen. Die Außenlegitimität gegenüber der palästinensischen Bevölkerung begrenzte aber die Zusammenstöße und führte dazu, dass nach deren Protesten Verhandlungsversuche begonnen wurden. Motor dieser Zyklen war die radikale Exilführung der Hamas in Amman, die mehr um das Wohl der Organisation als um das der Bevölkerung besorgt war. Der hohe Verregelungsgrad der Gewalt, der sich in gezielten und sehr effizient ausgeführten Anschlägen zeigte, spiegelte die hohe Institutionalisierung der Herrschaft in und zwischen den Figurationen von Israel, PA und Hamas wider.

Um die Entwicklungen auch außerhalb dieses Zeitraums zu erklären, mache ich verschiedene sich überlappende Prozesse der Integration und Desintegration für die innerpalästinensische Gewalt verantwortlich. In den 1980er Jahren war es die Eigendynamik einer wechselseitigen Delegitimierung zwischen Studentengruppen, die zu Gewalt führte und durch eine Nationalisierung der Muslimbrüderschaft zur Bildung der Hamas beitrug. Vor allem während der Ersten Intifada wurden vorher unverbundene Akteure wie etwa Clans durch den Mechanismus des Ebenenwechsels an die beiden Gruppen angebunden. Der Mechanismus der Polarisierung schuf nun zwei gesellschaftliche Lager, die sich in einem Sicherheitsdilemma befanden, als die Fatah 1991 mit den Friedensgesprächen begann. Die drohende Eskalation wurde im Prinzip nur durch die Deportation von Hamas-Aktivisten abgewendet, was die beiden Lager im Angesicht des gemeinsamen Feindes wieder zusammenrücken ließ.

Die Zweite Intifada rief eine Desintegration der Fatah-Figuration hervor. Die neu gegründeten Milizen der Al-Aqsa-Märtyrerbrigaden verselbständigten sich im Zuge der israelischen Repression zunehmend. Durch die vollständige Zerstörung der Autonomiebehörde im Jahr 2002 war keinerlei zentrale Kontrolle dieser Milizen mehr möglich, die sich daraufhin neue Geldgeber suchten. Diese Gangs konkurrierten um die Gebietskontrolle und bildeten mit den Clans, Warlords und Notabeln lokale und dezentralisierte Figurationen. Die Hamas profitierte davon, da sie ihren Einfluss in der Bevölkerung durch die Bildung neuer Institutionen ab 1997 beständig erweitert hatte und sich seither in einem Prozess der Transformation befand. Diese Umkehr des Kräfteverhältnisses mündete im Jahr 2005 in einen Wahlsieg der Hamas, durch den die Fatah als Überlebenseinheit direkt gefährdet wurde. Ein Verlust der Kontrolle über das Klientelsystems hätte die ökonomische Reproduktion des Verbandes massiv bedrohen können.

Es ergab sich ein Sicherheitsdilemma, da keine der Parteien zu Zugeständnissen bereit war und beide ihre militärischen Flügel aufrüsteten. Fatal für die Hamas war, dass sie es versäumt hatte, sich rechtzeitig um ihre internationale Legitimität zu kümmern. So wurde das Sicherheitsdilemma dadurch verstärkt, das internationale Gelder für die Autonomiebehörde zurückgehalten wurden und einzelne Staaten dabei halfen, die Milizen des Fatah-Warlords Dahlan im Gazastreifen zu stärken.

Der Konflikt wurde zusätzlich durch eine Polarisierung verschärft, die bereits zuvor die ganze Gesellschaft erfasst hatte. Der Eintritt in den kurzen Bürgerkrieg war aller bisherigen Erkenntnis nach jedoch eine autonome Handlung des bewaffneten Flügels der Hamas, der sich in seiner Existenz bedroht sah und von der eskalierenden Gewaltspirale aus wechselseitigen Attentaten ergriffen wurde. Auch hier waren Desintegrationsprozesse am Werk, die Befehlsketten auflösten und die politische Kontrolle über die Gewaltakteure verringerten.

Die innerpalästinensische Gewalt von 1980 bis 2007 konnte in der vorliegenden Arbeit mithilfe der Figurationsanalyse also recht gut erklärt werden. Einschränkend muss aber erwähnt werden, dass es sich hier um eine Rekonstruktion der Gewaltdynamiken handelt. Es fehlen weiterhin aussagekräftige Beschreibungen der Gewaltentwicklung – auch in Zeitungsberichten werden bei Gewaltereignissen häufig nur die Todeszahlen und nicht der Tathergang erwähnt. Eine weitere Einschränkung betrifft das theoretische Gerüst, mit dem hier gearbeitet wurde. Problematisch ist eine objektivierte Analyse der Beziehungsgeflechte wie im vorliegenden Fall, wenn sie die Wahrnehmung der Strukturen durch die Akteure ausspart. Dies konnte in der vorliegenden Arbeit aber nur an wenigen Stellen erbracht werden. Die subjektive Sicht ist etwa bei der entscheidenden Grenze zwischen Binnen- und Außenmoral sehr wichtig. Welche Strukturen handlungsleitend sind, bestimmen die Akteure und nicht der wissenschaftliche Beobachter. Daher ist es wichtig, Untersuchungen aus dem Feld hinzuzuziehen, um die Perspektive der Akteure besser zu verstehen.

Schließlich muss einschränkend gesagt werden, dass einige der Mechanismen auf der Generalisierung von Einzelfällen beruhen. Es wurde aber versucht, eine wissenschaftliche Plausibilität über die Konstruktion einer Kausalkette herzustellen, die zeigt, dass ein vermehrtes Auftreten des beobachteten Phänomens wahrscheinlich ist. Letztlich müssen sich die Mechanismen in der Analyse weiterer Fälle bewähren.

Trotz dieser Einschränkungen denke ich, dass man den vorgestellten Theorieansatz für eine Reihe von Gewaltkonflikten außerhalb der OECD-Welt verwenden kann, die sich aus der nachholenden Konsolidierung von vorausgesetzter Staatlichkeit ergeben. Die Weltgesellschaft erschafft dort einen Zwang zur Integration von Herrschaftsfigurationen, da der Staat von der Weltöffentlichkeit als der einzig legitime Herrschaftsverband angesehen wird. Faktisch konkurrieren aber in vielen Staaten zahlreiche Herrschaftsfigurationen um das staatliche Monopol, was in kriegerischen Auseinandersetzungen immer wieder zu Desintegrationsprozessen dieser Figurationen führt.

Man kann aber nicht nur theoretische, sondern auch handlungspraktische Erkenntnisse aus dieser Arbeit gewinnen. Wichtig ist der Perspektivenwechsel, der hier vorgenommen wurde. So wird der Palästinakonflikt nicht ausschließlich durch die Konfrontation zwischen Israel und den Palästinensern bestimmt.

Mindestens ebenso wichtig ist die innerpalästinensische Auseinandersetzung, da die Parteien Israel als Hebel verwenden, um ihre innenpolitische Ziele zu erreichen. Der Erfolg der palästinensischen Staats- und Nationenbildung sollte daher das primäre Interesse Israels sein, um die politische Kontrolle der Gewaltverbände zu gewährleisten.

Wie aber gezeigt wurde, sind viele Strategien israelischer Sicherheitsbehörden – etwa die Politik der gezielten Tötung – sehr kontraproduktiv, da sie die Gewalteskalation unterstützen. Die provozierte Desintegration der palästinensischen Figurationen schwächt den Zugriff der politischen Entscheidungsträger auf die bewaffneten Gruppen. Ferner beruht die Organisation der palästinensischen Gewaltverbände auf engen persönlichen Beziehungen, wodurch die Vergeltung eines Mordes unvermeidlich ist, was auch von zentralen Instanzen nicht mehr unterbunden werden kann. So war vor allem die Zerstörung der Autonomiebehörde im Jahr 2002 fatal, da diese daraufhin die Befehlsgewalt über die Milizen verlor. Diese Milizen konkurrierten dann mit der Hamas um das spektakulärste Selbstopfer. Nur wenn die politischen Entscheidungsträger ihre Kontrolle über die militärischen Flügel behalten, ist eine politische Lösung möglich.

Die Verklärung des politischen Konfliktes zu einem reinen Sicherheitsproblem hat hingegen fatale Konsequenzen. Die militärische Zerschlagung einer Nationalbewegung ist hoffnungslos, da sie fest in der Bevölkerung verankert ist und umso leichter neue Mitglieder rekrutieren kann, desto stärker auch die Bevölkerung der Repression des Gegners der Bewegung unterliegt. Aber auch passive Mittel wie die Abriegelung sind nutzlos. Nachdem die Mauer gebaut wurde, gingen zwar die Selbstopferungsanschläge zurück, doch wurde der Sicherheitsgewinn bald darauf durch den Raketenbeschuss der Hamas wieder zunichte gemacht.

Gleichzeitig wirken unter dem Deckmantel des Sicherheitsproblems die alten Dynamiken fort. Der Siedlungsbau im Westjordanland wird weiter vorangetrieben. Die Verbindung der einzelnen Siedlungen durch Sicherheitsanlagen zerstückelt weiterhin das Land und macht eine palästinensische Staatsbildung immer unwahrscheinlicher. Die zionistische Exklusionsdynamik aus dem letzten Jahrhundert wirkt so weiter fort. Aber auch auf der palästinensischen Seite wird das eigene Handeln nicht hinreichend hinterfragt. Da sich die Nation wegen der Flüchtlinge noch immer auf die alten Grenzen bezieht, kann das Existenzrecht Israels nicht anerkannt werden. Jeder innerpalästinensische Konflikt, der sich um die Definition der Wir-Identität bewegt, droht so auf Israel projiziert zu werden. Die Dominanz Israels ist nicht also das einzige Problem. Die Palästinenser müssen die innere Zerrissenheit ihrer eigenen Gesellschaft praktisch bearbeiten, ohne dass dies in der symbolischen Herstellung von Einheit im Selbstopfer degeneriert.

Aber auch die Staatengemeinschaft muss stärker über ihr Handeln im Palästinakonflikt nachdenken. Die internationale Blockade der Hamas-Regierung war nicht sehr klug, da dadurch die politische Führung gegenüber den Al-Qassam-Brigaden an Macht verlor und ihren Anhängern keine Alternative zur Gewaltstrategie eröffnen konnte. Die Dämonisierung der Hamas versperrte den Blick auf die Möglichkeit, sie in das politische System integrieren zu können. Dort hätte die Hamas den gleichen Imperativen unterlegen, die schon bei der Fatah eine Abkehr vom bewaffneten Kampf bewirkt hatten. Stattdessen bezog sich die Staatengemeinschaft auf die zwanzig Jahre alte Charta und folgte undifferenziert den gängigen Vorgaben des Terrordiskurses. Das hier aufgeführte interne Diskussionspapier der Hamas zeigt jedoch eine Organisation, die die Gewaltanwendung dem Vernunftkalkül unterordnet (vgl. Mishal/Sela 2002). Ist eine Bewegung so stark wie die Hamas, dann kann sie nicht ohne fatale politische Folgekosten aus Verhandlungen ausgeschlossen werden.

Gegen Ende der Niederschrift dieser Arbeit im Dezember 2007 wurden wieder umfangreiche internationale Finanzhilfen für die Autonomiebehörde in Aussicht gestellt. Diese auf den ersten Blick erfreuliche Entwicklung verschärft aber die strukturelle Abhängigkeit der PA von externen Hilfen. Wenn gleichzeitig eine eigenständige Wirtschaftsentwicklung in den Autonomiegebieten über Abriegelungen verhindert wird, dann kann dort keine Wertschöpfung erfolgen, wovon der Staat seine Ressourcen extrahieren könnte. Die Autonomiebehörde muss sich so primär vor der Staatengemeinschaft und nicht vor der eigenen Bevölkerung verantworten. Eine demokratische Öffnung des Gewaltmonopols ist damit sehr unwahrscheinlich.

Literaturverzeichnis

Abu-Amr, Ziad (1994): Islamic fundamentalism in the West Bank and Gaza. Muslim Brotherhood and Islamic Jihad. Bloomington: Indiana Univ. Press.

Al-Husseini, Jalal (2000): UNRWA and the Palestinian Nation-Building Process. In: Journal of Palestine Studies (Berkeley/CA), Jg. 29, H. 2, Winter 2000, S. 51–64.

Anderson, Benedict (1996): Die Erfindung der Nation. Zur Karriere eines folgenreichen Konzepts. Frankfurt am Main: Campus.

Badie, Bertrand (2000): The imported state: The westernization of political order. Stanford: Stanford Univ. Press.

Bangstad, Sindre (2002): Palestinian Islamist movements: An annotated bibliography. CMI Working Paper. Online verfügbar unter: http://www.cmi.no/publications/file/?1530=palestinian-islamist-movements, zuletzt geprüft am 18.12.07.

Baumgarten, Helga (2006): Hamas. Der politische Islam in Palästina. Kreuzlingen: Hugendubel.

Baumgarten, Helga (2005): The three faces / phases of Palestinian nationalism, 1948-2005. In: Journal of Palestine Studies (Berkeley/CA), Jg. 34, H. 4, Summer 2005, S. 25–48.

Baumgarten, Helga (2002): Arafat: Zwischen Kampf und Diplomatie. München: Ullstein.

Bibel (2007): Die Bibel. Übersetzung durch Martin Luther. Archiv Projekt Gutenberg. Hamburg. Online verfügbar unter: http://gutenberg.spiegel.de/?id=5&xid=3530&kapitel=1&cHash=6cd7a8df0echap001#gb_found, zuletzt geprüft am 16.12.07.

Bourdieu, Pierre (1998): Praktische Vernunft. Zur Theorie des Handelns. Frankfurt am Main: Suhrkamp.

Bourdieu, Pierre; Wacquant, Loïc J. (2006): Reflexive Anthropologie. Frankfurt am Main: Suhrkamp.

Brynen, Rex (1995): The Dynamics of Palestinian Elite Formation. In: Journal of Palestine Studies (Berkeley/CA), Jg. 24, H. 3, Spring 1995, S. 31–43.

Bucaille, Laetitia (2004): Growing up Palestinian. Israeli occupation and the Intifada generation. Princeton: Princeton Univ. Press.

Chehab, Zaki (2007): Inside Hamas. The Untold Story of the Militant Islamic Movement. London: Tauris.

Collier, Paul; Hoeffler, A. (2004): Greed and grievance in civil war. In: Oxford Economic Papers, H. 56, S. 563–595.

Crenshaw, Martha (2001): Theories of Terrorism: Instrumental and Organizational Approaches. In: Rapoport, David C. (Hg.): Inside terrorist organizations. London: Cass.

Croitoru, Joseph (2007): Hamas. Der islamische Kampf um Palästina. München: Beck.

Crozier, Michel; Friedberg, Erhard (1993): Die Zwänge kollektiven Handelns. Über Macht und Organisation. Frankfurt am Main: Hain.

Diner, Dan (1980): Israel in Palästina. Über Tausch und Gewalt im Vorderen Orient. Königstein: Athenäum.

Diner, Dan (2007): Versiegelte Zeit. Über den Stillstand in der islamischen Welt. Berlin: List.

Downes, Alexander B. (2004): The Problem with Negotiated Settlements to Ethnic Civil Wars. In: Security Studies, Jg. 13, H. 4, Summer 2004, S. 230–279.

Economist (2007): The Palestinians. War between brothers. In: The Economist, H. 16, Juni 2007, S. 43.

Elias, Norbert (1976a): Über den Prozess der Zivilisation. Soziogenetische und psychogenetische Untersuchungen. Erster Band. Wandlungen des Verhaltens in den weltlichen Oberschichten des Abendlandes. Frankfurt am Main: Suhrkamp.

Elias, Norbert (1976b): Über den Prozess der Zivilisation. Soziogenetische und psychogenetische Untersuchungen. Zweiter Band. Wandlungen der Gesellschaft. Entwurf zu einer Theorie der Zivilisation. Frankfurt am Main: Suhrkamp.

Elias, Norbert (1983): Über den Rückzug der Soziologen auf die Gegenwart. In: Kölner Zeitschrift für Soziologie und Sozialpsychologie, Jg. 35, H. 1, S. 1-28.

Elias, Norbert (1991): Was ist Soziologie? Weinheim: Juventa.

Elias, Norbert (2003): Die höfische Gesellschaft. Untersuchungen zur Soziologie des Königtums und der höfischen Aristokratie. Frankfurt am Main: Suhrkamp.

Elwert, Georg (1997): Gewaltmärkte. Beobachtung zur Zweckrationalität der Gewalt. In: Trotha, Trutz von (Hg.) (1997): Soziologie der Gewalt. Opladen: Westdt. Verlag, S. 86-101.

Elwert, Georg (Hg.) (1999): Dynamics of violence. Processes of escalation and de-escalation in violent group conflicts. Berlin: Duncker & Humblot.

Endres, Jürgen; Jung Dietrich (1998): Was legitimiert den Griff zur Gewalt? Unterschiede im Konfliktverhalten islamistischer Organisationen in Ägypten. In: Politische Vierteljahreszeitschrift, Jg 39, H. 1, S. 91-108.

Eposito, Michele K. (2005): the Al-Aqsa-Intifada: Military Operations, Suicide Attacks, Assassinations, and Losses in the First Four Years. Resource File. In: Journal of Palestine Studies (Berkeley/CA), Jg. 34, H. 2, Winter 2005, S. 85–122.

Esser, Hartmut (2000): Soziales Handeln. Frankfurt am Main: Campus.

Feierabend, Ivo K. (Hg.) (1972): Anger, violence and politics. Theories and research. Englewood Cliffs NJ: Prentice-Hall.

Flores, Alexander (1989): Intifada. Aufstand der Palästinenser. Berlin West: Rotbuch.

Frankenfeld, Thomas (2007): Die Macht der Familien-Clans in Palästina. Die Akteure im komplizierten Nahost-Gefüge sind nicht nur Hamas, Fatah und Israel... In: Hamburger Abendblatt, 21.06.2007. Online verfügbar unter: http://www.abendblatt.de/daten/2007/06/21/759262.html, zuletzt geprüft am 28.09.07.

Frisch, Hillel (2005): Has the Israeli-Palestinian conflict become Islamic? Fatah, Islam, and the Al-Aqsa Martyrs's Brigades. In: Terrorism and Political Violence, Jg. 17, H. 3, October 2005, S. 391–406.

Galtung, Johan (1975): Strukturelle Gewalt. Beiträge zur Friedens- und Konfliktforschung. Reinbek/Hamburg: Rowohlt.

Ganor, Boaz (1992): Hamas – The Islamic Resistance Movement in the Territories. In: Survey of Arab Affairs – A periodic supplement to Jerusalem Letter/Viewpoints, Jg. 27/28, H. Shevat 5752, 2. Februar 1992.

Goffman, Erving (1973): Asyle. über die soziale Situation psychiatrischer Patienten und anderer Insassen. Frankfurt am Main: Suhrkamp.

Gunning, Jeroen (2004): Peace with Hamas? The Transforming Potential of Political Participation. In: International Affairs, Jg. 80, H. 2, March 2004, S. 233-255.

Gurr, Ted Robert (1970): Why men rebel. Princeton: Princeton Univ. Press.

Hass, Amira (2003): Gaza. Tage und Nächte in einem besetzten Land. München: Beck.

Hatina, Meir (2001): Islam and salvation. The Islamic Jihad movement. Tel Aviv: The Moshe Dayan Center for Middle Eastern and African Studies.

Hatina, Meir (2006): The 'Ulama' and the Cult of Death in Palestine. In: Israel Affairs, Jg. 12, H. 1, January 2006, S. 29–51.

Hedström, Peter; Swedberg, Richard (Hg.) (1998): Social mechanisms. An analytical approach to social theory. Cambridge: Cambridge Univ. Press.

Heitmeyer, Wilhelm; Soeffner, Hans-Georg (2004): Gewalt. Entwicklungen, Strukturen, Analyseprobleme. Frankfurt am Main: Suhrkamp.

Herz, Dietmar (2003): Palästina. Gaza und Westbank. Geschichte, Politik, Kultur. München: Beck.

Hilal, Jamil (2006): Hamas's rise as charted in the polls, 1994-2005. In: Journal of Palestine Studies (Berkeley/CA), Jg. 35, H. 3, Spring 2006, S. 6–19.

Hobsbawm, Eric J. (1994): Age of extremes. The short twentieth century; 1914–1991. London: Michael Joseph.

Hoffman, Bruce (2006): Terrorismus – der unerklärte Krieg. Neue Gefahren politischer Gewalt. Frankfurt am Main: Fischer.

Hoogvelt, Ankie (1997): Globalisation, Exclusion and the Politics of Resistance. Paper presented at the Convergence and Diversity Conference, Victoria University of Wellington, March 1-2 1997. Online verfügbar unter: http://www.vuw.ac.nz/pols/Journals/Antepodium/articles/hoogvelt-1997.aspx, zuletzt geprüft am 17.08.07.

Hroub, Khaled (2000): Hamas. Political thought and practice. Washington, DC: Inst. for Palestine Studies.

Hroub, Khaled (2004): Hamas after Shaykh Yasin and Rantisi. In: Journal of Palestine Studies (Berkeley/CA), Jg. 33, H. 4, Summer 2004, S. 21–38.

Hroub, Khaled (2006): A "New Hamas" through its new documents. In: Journal of Palestine Studies (Berkeley/CA), Jg. 35, H. 4, Summer 2006, S. 6–27.

International Crisis Group (ICG) (2003): Islamic Social Welfare Activism in the Occupied Palestinian Territories: A legitimate target? Online verfügbar unter: http://www.crisisgroup.org/home/index.cfm?action=login&ref_id=16-62, zuletzt geprüft am 16.10.07.

International Crisis Group (ICG) (2004a): Dealing with Hamas. Online verfügbar unter: http://www.crisisgroup.org/home/index.cfm?id=2488&l=1, zuletzt geprüft am 27.10.07.

International Crisis Group (ICG) (2004b): Who governs the West Bank? Palestinian Administration under Israeli Occupation. Online verfügbar unter: http://www.crisisgroup.org/home/index.cfm?id=3034&l=1, zuletzt geprüft am 27.10.07.

International Crisis Group (ICG) (2006): Enter Hamas: The Challenges of Political Integration. Online verfügbar unter: http://www.crisisgroup.org-/library/documents/middle_east__north_africa/arab_israeli_conflict/49_enter_hamas_the_challenges_of_political_integration.pdf, zuletzt geprüft am 18.12.07.

International Crisis Group (ICG) (2007): After Gaza. Online verfügbar unter: http://www.crisisgroup.org/home/index.cfm?id=4975&l=1, zuletzt geprüft am 27.10.07.

Jamal, Amal Ahmad (2005): The Palestinian national movement: politics of contention, 1967-2005. Bloomington: Indiana Univ. Press.

Jarbawi, Ali; Pearlman, Wendy (2007): Struggle In A Post-Charisma Transition: Rethinking Palestinian Politics After Arafat. In: Journal of Palestine Studies (Berkeley/CA), Jg. 36, H. 4, Summer 2007, S. 6–21.

Jean, François (Hg.) (1999): Ökonomie der Bürgerkriege. Hamburg: Hamburger Edition.

Johannsen, Margret (2003): Rituale der Vergeltung. Zur palästinensischen Gewaltdebatte. In: Blätter für deutsche und internationale Politik, H. 5, S. 575–584, zuerst veröffentlicht: http://www.ifsh.de/dokumente/artikel/120-_Rituale_%20der_%20Vergeltung_%20Mai_%202003-Blaetter.htm, zuletzt geprüft am 18.10.07.

Johannsen, Margret (2006): In der Befreiung liegt die Macht. Palästinensische Milizen in der Al-Aqsa-Intifada. In: Bakonyi, Jutta (Hg.): Gewaltordnungen bewaffneter Gruppen. Ökonomie und Herrschaft nichtstaatlicher Akteure in den Kriegen der Gegenwart. Baden-Baden: Nomos.

Johannsen, Margret (2007): Dschihadistan in Palästina? In: Internationale Politik, Juli/August 2007, S. 128–131.

Jung, Dietrich (1995): Tradition - Moderne - Krieg. Grundlegung einer Methode zur Erforschung kriegsursächlicher Prozesse im Kontext globaler Vergesellschaftung. Münster: Lit.

Jung, Dietrich (Hg.) (2000): State formation and war: the case of Palestine. EUI working paper: RSC.

Jung, Dietrich; Schlichte, Klaus; Siegelberg, Jens (2003): Kriege in der Weltgesellschaft. Strukturgeschichtliche Erklärung kriegerischer Gewalt (1945–2002). Wiesbaden: Westdt. Verlag.

Kalyvas, Stathis N. (2003): The Ontology of "Political Violence": Action and Identity in Civil Wars. In: Perspectives on Politics, Jg. 1, H. 3, September 2003, S. 475–494.

Kalyvas, Stathis N. (2006): The logic of violence in civil war. New York: Cambridge Univ. Press.

Karmon, Ely (2000): Hamas' Terrorism Strategy: Operational Limitations and Political Constraints. In: MERIA, Jg. 4, H. 1, March 2000, S. 66–79.

Kepel, Gilles (1991): Die Rache Gottes. Radikale Moslems, Christen und Juden auf dem Vormarsch. München: Piper.

Khalidi, Rashid (1997): Palestinian identity. The construction of modern national consciousness. New York: Columbia Univ. Press.

Kimmerling, Baruch; Migdal, Joel S. (2003): The Palestinian people. A history. Cambridge, Mass.: Harvard Univ. Press.

Klein, Menachem (2007): Hamas in power. In: The Middle East Journal, Jg. 61, H. 3, S. 442–459.

Knudsen, Are (2004): Crescent and Sword: The Hamas Enigma. CMI Working Paper. Später erschienen in: Third World Quarterly, Jg. 26, H. 8, 2005, S. 1373-1388.

Knudsen, Are; Eszbidi, Basem (2006): Hamas and the quest for Palestinian statehood. CMI Working Paper. Online verfügbar unter: http://www.cmi.no/publications/file/?2381=hamas-and-the-quest-for-palestinian-statehood, zuletzt geprüft am 27.07.07.

Korf, Benedikt (2006): Cargo Cult Science: Armchair Empiricism and the Idea of Violent Conflict. In: Third World Quarterly, Jg. 27, H. 3, April 2006, S. 459–476.

Krämer, Gudrun (2002): Geschichte Palästinas. Von der osmanischen Eroberung bis zur Gründung des Staates Israel. München: Beck.

Larzillière, Pénélope (2003): Palästinensische "Märtyrer": eine vergleichende Analyse über Selbstmordattentäter. In: Journal für Konflikt- und Gewaltforschung, Jg. 5, H. 2, S. 121–142. Online verfügbar unter: http://www.uni-bielefeld.de/ikg/jkg/2-2003/larzilliere.pdf, zuletzt geprüft am 10.09.07.

Larzillière, Pénélope (2006): Etre jeune en Palestine. Paris: Balland.

Lerch, Wolfgang G. (2007): Bruderkampf im Gazastreifen. In: Frankfurter Allgemeine Zeitung, 13.06.2007. Online verfügbar unter: http://www.faz.net/s/RubB30ABD11B91F41C0BF2722C308D40318/Doc~ECBA69538A41-B41D4ADC660BA5FB85A26~ATpl~Ecommon~Scontent.html, zuletzt geprüft am 21.09.07.

Loewenstein, Jennifer (2007): Notes from the Field: Return to the Ruin that is Gaza. In: Journal of Palestine Studies (Berkeley/CA), Jg. 36, H. 3, Spring 2007, S. 23–35.

Luhmann, Niklas (1987): Soziale Systeme. Grundriß einer allgemeinen Theorie. Frankfurt am Main: Suhrkamp.

Luhmann, Niklas (1988): Macht. Stuttgart: Enke.

Malthaner, Stefan (2005): Terroristische Bewegungen und ihre Bezugsgruppen. Anvisierte Sympathisanten und tatsächliche Unterstützer. In: Waldmann, Peter (Hg.): Determinanten des Terrors. Weilerswist: Velbrück Wissenschaft.

Martinez, Luis (1998): La guerre civile en Algérie. Paris: Karthala.

McAdam, Doug; Tarrow, Sidney; Tilly, Charles (2003): Dynamics of Contention. Cambridge: Cambridge Univ. Press.

Milton-Edwards, Beverley; Crooke, Alastair (2004): Elusive ingredient: Hamas and the peace process. In: Journal of Palestine Studies (Berkeley/CA), Jg. 33, H. 4, Summer 2004, S. 39–52.

Mishal, Shaul; Sela, Avraham (2000): The Palestinian Hamas. Vision, violence, and coexistence. New York: Columbia Univ. Press.

Mishal, Shaul; Sela, Avraham (2002): Participation without Presence: Hamas, the Palestinian Authority and the Poltics of Negotiated Coexistance. In: Middle Eastern Studies, Jg. 38, H. 3, S. 1–26.

Moore, Barrington (2000): Moral purity and persecution in history. Princeton, NJ: Princeton Univ. Press.

Münkler, Herfried (2006): Der Wandel des Krieges. von der Symmetrie zur Asymmetrie. Weilerswist: Velbrück Wissenschaft.

Nedelmann, Birgitta (1997): Gewaltsoziologie am Scheideweg. Die Auseinandersetzung in der gegenwärtigen und Wege der künftigen Gewaltforschung. In: Trotha, Trutz von (Hg.): Soziologie der Gewalt. Opladen: Westdt. Verl., S. 59–85.

Nietzsche, Friedrich (1991): Zur Genealogie der Moral. Eine Streitschrift. Frankfurt am Main: Insel-Verlag.

Osterhammel, Jürgen; Petersson, Niels P. (2006): Geschichte der Globalisierung. Dimensionen, Prozesse, Epochen. München: Beck.

Pappé, Ilan (2004): A history of modern Palestine. One land, two peoples. Cambridge: Cambridge Univ. Press.

Polanyi, Karl (2004): The Great Transformation. Politische und ökonomische Ursprünge von Gesellschaften und Wirtschaftssystemen. Frankfurt am Main: Suhrkamp.

Popitz, Heinrich (1992): Phänomene der Macht. Tübingen: Mohr.

Reuter, Christoph (2002): Mein Leben ist eine Waffe. Selbstmordattentäter – Psychogramm eines Phänomens. München: Bertelsmann.

Rosiny, Stephan (2007): Ein Bruderkampf am Rand des Abgrunds. In: Neue Züricher Zeitung, 19.06.2007. Online verfügbar unter: http://www.nzz.ch/nachrichten/international/konflikt_im_nahen_osten/analysen_kommentare_und_interviews/ein_bruderkampf_am_rand_des_abgrunds_1.516357.html, zuletzt geprüft am 21.09.07.

Roy, Sara (2000): The Transformation of Islamic NGOs in Palestine. Middle East Report, H. 214, Spring 2000. Online verfügbar unter: http://www.merip.org/mer/mer214/214_roy.html, zuletzt geprüft am 16.10.07.

Roy, Sara (2003): Hamas and the transformation(s) of political Islam in Palestine. In: Current History (Philadelphia/Pa.), Jg. 102, H. 660, January 2003, S. 13–20.

Rubin, Barry M. (1999): The transformation of Palestinian politics. From revolution to state-building. Cambridge Mass.: Harvard Univ. Press.

Schanzer, Jonathan (2003): The challenge of Hamas to Fatah. In: Middle East Quarterly, Jg. 10, H. 2, S. 29–36.

Scheffler, Thomas (2002): »Wenn hinten, weit in der Türkei die Völker aufeinanderschlagen...«. Zum Funktionswandel »orientalischer« Gewalt in europäischen Öffentlichkeiten des 19. Und 20. Jahrhunderts. In: Requate, Jörg (Hg.): Europäische Öffentlichkeit. transnationale Kommunikation seit dem 18. Jahrhundert. Frankfurt Main: Campus.

Schlichte, Klaus (1996): Krieg und Vergesellschaftung in Afrika. Ein Beitrag zur Theorie des Krieges. Münster: Lit.

Schlichte, Klaus (2005): Der Staat in der Weltgesellschaft. Politische Herrschaft in Asien, Afrika und Lateinamerika. Frankfurt am Main: Campus.

Schlichte, Klaus (2008): In the Shadow of violence. The Politics of Armed Groups. In Erscheinung.

Schmitz, Thorsten (2007): Der aufgezwungene Bruderkampf. In: Süddeutsche Zeitung, 13.06.2007. Online verfügbar unter: http://www.sueddeutsche.de/,tt114/ausland/artikel/491/118354/, zuletzt geprüft am 21.09.07.

Schölch, Alexander (1986): Palästina im Umbruch 1856 - 1882. Untersuchungen zur wirtschaftlichen und sozio-politischen Entwicklung. Stuttgart: Steiner.

Schwingel, Markus (1995): Bourdieu zur Einführung. Hamburg: Junius.

Shikaki, Khalil (2002): Palestinians Divided. In: Foreign Affairs, Jg. 81, H. 4, January/February 2002, S. 89–105.

Shikaki, Khalil (2004): The future of Palestine. In: Foreign Affairs, Jg. 83, H. 6, November/December 2004, S. 45–60.

Siegelberg, Jens (1994): Kapitalismus und Krieg. Eine Theorie des Krieges in der Weltgesellschaft. Münster: Lit.

Siegelberg, Jens (2000): Staat und internationales System – ein strukturgeschichtlicher Überblick. In: Siegelberg, Jens; Schlichte, Klaus (Hg.): Strukturwandel internationaler Beziehungen. Zum Verhältnis von Staat und internationalem System seit dem Westfälischen Frieden. Wiesbaden: Westdt. Verlag.

Strindberg, Anders (2002): Challenging the "Received View": De-demonizing Hamas. In: Studies in Conflict & Terrorism, Jg. 25, H. 4, July 2002, S. 263–273.

Tilly, Charles (1992): War making and State making as Organized crime. In: Evans, Peter P. (Hg.): Bringing the state back in. Cambridge: Cambridge Univ. Press.

Tilly, Charles (2003): The politics of collective violence. Cambridge: Cambridge Univ. Press.

Trotha, Trutz von (1997): Zur Soziologie der Gewalt. In: Trotha, Trutz von (Hg.): Soziologie der Gewalt. Opladen: Westdt. Verl. S. 9-58.

Trotha, Trutz von (2000): Die Zukunft liegt in Afrika. Vom Zerfall des Staates von der Vorherrschaft der konzentrischen Ordnung und vom Aufstieg der Parastaatlichkeit. In: Leviathan, Jg. 28, H. 2, Juni 2000, S. 253–279.

Usher, Graham (2000): Fatah's Tanzim: Origins and Politics. In: Middle East Report (Washington/D.C.), Jg. 217, Winter 2000. Online verfügbar unter: http://www.merip.org/mer/mer217/217_usher.html, zuletzt geprüft am 12.10.07.

Usher, Graham (2003): Facing defeat: the Intifada two years on. In: Journal of Palestine Studies (Berkeley/CA), Jg. 32, H. 2, Winter 2003, S. 21–40.

Usher, Graham (2005): Letters from the Occupied Territories. The Palestinians after Arafat. In: Journal of Palestine Studies (Berkeley/CA), Jg. 34, H. 3, Spring 2005, S. 42–56.

Usher, Graham (2006a): The democratic resistance. Hamas, Fatah, and the Palestinian elections. In: Journal of Palestine Studies (Berkeley/CA), Jg. 35, H. 3, Spring 2006, S. 20–36.

Usher, Graham (2006b): Hamas Risen. In: Middle East Report, Jg. 238, H. 1, Spring 2006, S. 2–11. Online verfügbar unter: http://www.merip.org/mer/mer238/usher.html, zuletzt geprüft am 20.10.07.

Volkov, Vadim (2000): Gewaltunternehmer im postkommunistischen Russland. In: Leviathan, Jg. 28, H. 4, Dezember 2000, S. 173-191.

Volkov, Vadim (2002): Violent Entrepreneurs. The Use of Force in the Making of Russian Capitalism. Ithaca/London: Cornell Univ. Press.

Waldmann, Peter (1998): Soziologie des Bürgerkriegs. In: Krumwiede, Heinrich W.; Waldmann, Peter (Hg.): Bürgerkriege. Folgen und Regulierungsmöglichkeiten. Baden-Baden: Nomos.

Waldmann, Peter (2001): Terrorismus. Provokation der Macht. München: Gerling-Akad.-Verlag.

Weber, Max (2005): Wirtschaft und Gesellschaft. Frankfurt am Main: Zweitausendeins.

Yonah, Alexander (2003): Palestinian secular terrorism. Profiles of Fatah, Popular Front for the Liberation of Palestine, Popular Front for the Liberation of Palestine-General Command and the Democratic Front for the Liberation of Palestine. Ardsley, NY: Transnational Publishers.

Ze'evi, Dror (2006): The decline of the PLO and the rise of the PNA. Crown Center for Middle East Studies. Middle East Brief 8. Online verfügbar unter: http://www.brandeis.edu/centers/crown/publications/Mid%20East%2-0Brief/Brief%208%20June%202006%20Zeevi.pdf, zuletzt geprüft am 14.09.07.

Annex: Chronologie der gewaltsamen Zusammenstöße

Phase I (1980–1987): **Gewalt zwischen Studentengruppen**

Ende 1981: Gewalttätige Auseinandersetzungen zwischen Studenten an der Najah-Universität in Nablus.

Januar 1982: Gewalttätige Auseinandersetzungen zwischen Studenten an der Najah-Universität in Nablus und am polytechnischen Institut in Hebron. Muslimbrüder attackieren das Gebäude des Roten Halbmondes und brennen die Bibliothek nieder.

Juni 1983: Gewalttätige Auseinandersetzungen zwischen Studenten an der Bir-Zeit-Universität.

1984: Gewalttätige Auseinandersetzungen zwischen Studenten an der Bir-Zeit-Universität.

1986: Gewalttätige Auseinandersetzungen zwischen Studenten an der islamischen Universität von Gaza.

Phase II (1987–1990): **Offene Konkurrenz um die Bevölkerung**

1987–1990: Kämpfe in den Gefängnissen, mit Todesopfern.

1989: Bewaffnete Auseinandersetzungen in Tulkarem und Gaza.

September 1990: Bewaffnete Zusammenstöße im Flüchtlingslager Tulkarem.

Phase III (1990–1993): **Militarisierung der Intifada**

April 1991: Exekutionen eskalierten zu offenen Konfrontationen in Nablus und weiteren Städten.

Mai/Juni 1991: Feuergefechte zwischen den Fraktionen.

Okt. 1991–Dez. 1992:	Fatah-Anhänger gerieten mit Hamas-Anhängern aneinander, da erstere durch Zwang die Kontrolle über die Intifada zu übernehmen versuchten. Mordversuche werden unternommen und bewaffnete Konfrontationen finden statt.
November 1992:	Attentatsversuch auf das Hamasführungsmitglied Rantisi.

Phase IV (1994–2000): Staatsbildung und Verregelung der Gewalt

November 1994:	Im ersten Gewaltzyklus wurden fünfzehn Hamas-Aktivisten von der PA-Polizei erschossen, die eine Demonstration beenden wollte.
April 1995:	Im zweiten Gewaltzyklus wurden Massenverhaftungen von Hamas-Aktivisten durchgeführt. Verhaftungen und Verurteilungen wurden von Menschenrechtsverletzungen begleitet.
März 1996:	Im Zuge des dritten Gewaltzyklus kam es zu einer weiteren großen Verhaftungswelle, und zahlreiche Aktivisten werden gefoltert.
Februar 1999:	Der Versuch der PA-Polizei, eine Demonstration der Hamas aufzulösen, eskalierte in eine bewaffnete Auseinandersetzung.

Phase V (2000–2006): Desintegration der Autonomiebehörde

Sept.–Okt. 2001:	Bei Demonstrationen wurden Hamas-Aktivisten erschossen.
Okt.–Dez. 2002:	Hamas-Aktivisten ermordeten den Chef der Riot Police Rajah Abu Lehiya. Danach gab es täglich Feuergefechte zwischen Fatah- und Hamasmitgliedern.
September 2004:	Bewaffnete Auseinandersetzungen zwischen Aufständischen und der PA-Polizei im Gazastreifen.

Phase VI (2006–2007): Eskalation zum Bürgerkrieg

April–Juni 2006: Die Fraktionen lieferten sich Schusswechsel auf der Straße.

Mai–Juni 2007: Eskalation nach gegenseitigen Attentatsversuchen auf prominente Führungspersonen.

Juni 2007: Übernahme des Gazastreifens durch Hamas-Einheiten und Ermordung von verletzten Fatah-Aktivisten in Krankenhäusern.

Reiner Meyer

Ein Friedensprozeß ohne Versöhnung

Der Israelisch-Palästinensische Konflikt und die Oslo-Verhandlungen als Beispiel für die Probleme des Konfliktmanagements

Frankfurt am Main, Berlin, Bern, Bruxelles, New York, Oxford, Wien, 2004.
252 S., zahlr. Graf.
Internationale Sicherheit. Herausgegeben von Heinz Gärtner. Bd. 3
ISBN 978-3-631-52444-2 · br. € 48.70*

Die Arbeit beschäftigt sich mit der Veränderung des Konfliktmanagements in den neunziger Jahren. In dieser Zeit rückten neue Ansätze in den Vordergrund, wie das Modell der Wahrheitskommission und der Aspekt der „reconciliation" (Versöhnung). Anhand dieser neuen Konzepte erfolgt eine Analyse des Israelisch-Palästinensischen Friedensprozesses von Oslo dahingehend, ob das Scheitern der mangelhaften Versöhnungsarbeit zuzurechnen ist. Neben der empirischen Arbeit wurde Kontakt mit den Beteiligten von Oslo und des Israelisch-Palästinensischen Konfliktes aufgenommen, um die Meinung der Betroffenen in Erfahrung zu bringen. Das Ergebnis der Arbeit zeigt, daß die neuen Erkenntnisse des Konfliktmanagements in und nach Oslo kaum Eingang in die Konfliktarbeit gefunden haben.

Aus dem Inhalt: Neue Ansätze im Konfliktmanagement, wie der Aspekt der „reconciliation" (Versöhnung) und das Modell der Wahrheitskommission · Der Israelisch-Palästinensische Konflikt und der Oslo-Friedensprozeß · Zusammenhänge von „peace", „justice", „truth", „forgiveness/apology/mercy/regard" und „reconciliation" · Das Narrative, Fragen der Identität und sozialpsychologische Hindernisse

Frankfurt am Main · Berlin · Bern · Bruxelles · New York · Oxford · Wien
Auslieferung: Verlag Peter Lang AG
Moosstr. 1, CH-2542 Pieterlen
Telefax 00 41 (0) 32 / 376 17 27

*inklusive der in Deutschland gültigen Mehrwertsteuer
Preisänderungen vorbehalten
Homepage http://www.peterlang.de